Peter Reusse

Hier und drüben und drunter

Ironische und satirische Kurzgeschichten

edition ost

ISBN 3-929161-66-4

Reihengestaltung: TRIALON
Satz: edition ost
Illustrationen: Peter Reusse
Foto: Gabriele Senft
Druck: Nørhaven A/S
Dänemark

Die Deutsche Bibliothek –
CIP-Einheitsaufnahme
Reusse, Peter:
Hier und drüben und
drunter : Ironische und
satirische Kurzgeschichten /
Peter Reusse. –
Berlin: edition ost, 1996
(Bunte Reihe)
ISBN 3-929161-66-4

Das Buch

Am Anfang war das Wort. Oder eine Zeichnung. Oder Idee. Es gibt viele Gründe, weshalb einer plötzlich zu schreiben anfängt. Hierzulande haben wir bald mehr Schreiber als Leser. Auch damit ließe sich leben. Wenn denn fast jeder Schreiber nicht nur seiner Liebsten einen Gruß schriebe, sondern der ganzen Menschheit gleich ein ganzes Buch schenken möchte. Unter dem Banalen finden sich selten Perlen. Das hier ist eine.
Reusse hat sich zu erinnern begonnen. Dabei entstanden Geschichten, die sich während seiner Jugendzeit zugetragen hatten oder später passierten, in denen eine bestimmte Grenze eine gewisse Rolle spielte.
Die Stories sind nicht nur short, sondern meist auch komisch.
Reusse präsentiert sich als Erzähler, wie es derzeit nicht allzu viele hierzulande gibt.

Der Autor

Peter Reusse ist Jahrgang 1941. Er studierte an der Filmhochschule Potsdam-Babelsberg von 1959 bis 1963 und hatte das Glück oder Pech, in Teltow auf dem Grenzstreifen zu wohnen. Nach Theaterengagements in Brandenburg und Halle kam er nach Berlin ans Deutsche Theater.
Einem größeren Publikum wurde er durch unzählige Film- und Fernsehrollen bekannt.
Er lebt mit Sigrid Göhler, der Kommissarin aus dem »Polizeiruf 110«, und der Hündin Fanny unterm Dach eines alten Berliner Mietshauses. Und manchmal fährt er auch nach Motzen, das es schon gab, bevor Golf erfunden wurde. Dort nämlich hat er ein Gärtchen.

Inhalt

»Die Fragen bleiben, nur die Antworten ändern sich.«
George Tabori

Der Ami

Es gab eine Zeit, da eine Grenze das Land teilte. Eine Grenze, die es eigentlich gar nicht gab. Scheinbar willkürlich behauptete sie ein Hüben und ein Drüben. Sie zerschnitt Häuser, Gärten, Straßen, Familien. Uns Kinder scherte die Grenze wenig, sie war ein Abstraktum. Das Zauberwort Drüben wurde jedoch schnell Inbegriff sehnsüchtiger Träume: Storck-Riesensahnebonbons, »und der Kalle sagt zum Kulle, haste nich 'ne Paechbrotstulle«, Sanella, Cowboyfilme, Tom Brack und Billy Jenkins, chromblitzende Amischlitten, Nietenhosen, Kaugummi »Buibuble« (eigentlich BUBBLE-GUM), Coca Cola und ... und ... und ...

Aber eine Bedeutung hatte die Grenze doch für uns. Es gab noch keinen Elektrozaun, keinen Stacheldraht, keine aufgerissenen Straßen. Ich erinnere mich lediglich an ein paar wacklige Schilder. Aber die scheinbar so friedlichen Gärten und Wege waren ein wunderbar lebendiger Abenteuerspielplatz. Das fing bei den illustren Bewachungsmannschaften an.

Die Russen waren eher zurückhaltend. Sie verkrochen sich meist in getarnten, unterirdischen Gräben. In Erinnerung geblieben ist mir der kleine, stämmige Slawa mit den Schlitzaugen. Wir mußten heimlich für ihn Schnaps organisieren. Als Belohnung gab es traurige, russische Lieder und den nachgemachten Schrei eines Milans, was auch immer das sein mochte.

Dann gab es »unsere«. »Unsere«, das waren die noch etwas ungeübt wirkenden, grünschnäbligen kasernierten Volkspolizisten. An ihrer Spitze Hansi, klein und fett, der im schönsten sächsischen Singsang pausenlos Witze runterrasseln konnte. Auch er vertauschte gern den Dienstkarabiner mit einem Fläschchen Hochprozentigem. So war erneut unsere Findigkeit gefragt, im Lebensmittelladen

Herrn Klein (er war es wirklich, mit seinem Buckel überragte er uns nur um wenige Zentimeter) davon zu überzeugen, daß Vatern Geburtstag hat.

Unmittelbar hinter der ominösen Grenze, am Bahndamm Richtung Sigridshorst begann ein riesiges amerikanisches Übungsgelände. Auch dort waren Posten stationiert. Und diese amerikanischen GI's waren zweifellos die Stars unserer kunterbunten Grenzbühne. Gummikauend, mit Hautfarben von kalkweiß bis pechschwarz, schlaksten sie in ihren lässigen Uniformen mit weißem Gürtelzeug und Pistolentaschen ihr Karree ab.

Bereits hier erfuhr der Sozialismus, wenn wir auch damals noch gar nicht wußten, daß sich das, was uns so stark und kühn machte, so nannte, eine erste Irritation. Zumal uns der gründlich vorbereitete Versuch einer Englisch-Konversation mit der Frage: »It's cold?« eine Nacht im Grenzhauptquartier eingebracht hatte. Hansis wachsame Mannen hatten gemeint, wir hätten mit den US-Boys ein Gespräch über Waffen führen wollen.

Den größten Unterhaltungswert hatten jedoch die Schieber. Immer wieder lieferten sie uns dramatische Geschichten und versorgten unsere kindliche Phantasie mit reichlich Material. Tag und Nacht wurden Kartoffelsäcke, Kisten und Kartons, Nähmaschinen, Ölgemälde, Fässer, Koffer, Teppichrollen durch die verwilderten Gärten geastet und wer, wenn nicht wir, mußte die Rolle der Scouts übernehmen. Wußte doch keiner so gut Bescheid über Wachablösungen, Kontrollgänge und getarnte Verstecke der Grenzbewacher.

Doch ab und an hatten auch Hansis Mannen die Nase vorn und die friedliche Nachmittagsidylle wurde durch Gewehrsalven zerfetzt. Gut, wenn es so glimpflich ablief, wie bei dem dünnen Mann mit dem Regenmantel. Der spurtete mit wehenden Schössen und einem Damenfahrrad die Goethestraße hinauf in Richtung Grenze. Quer auf dem

Tretlager hing ein prall gefüllter Zentnersack. Selbiger hatte bereits von einem pflichtbewußten Grenzkarabiner den Fangschuß erhalten. Die Mantelschösse entkamen glücklich in den Westen, der Fluchtweg war von einer Perlenkette grüner Kaffeebohnen markiert.

Die Königsgeschichte ist die Geschichte vom Ami.

In der Nacht waren Schüsse gefallen. Das war nichts Besonderes. Man drehte sich auf die andere Seite und schlief weiter.

Aber am Morgen war alles irgendwie verändert. In der Luft lag eine Spannung. Etwas Ungewöhnliches mußte geschehen sein. Und so wisperte ein Zauberwort von den Völkerballspielern zu den Indianerhütten im Dorf Durango, schwirrte zu »denen in der Schillerstraße«, von dort nahm es einen kräftigen Abschwung und landete bei uns in der Goethestraße. Das Zauberwort lautete: Lessingstraße. Geschäftig machte man sich auf die Socken, per Fahrrad, in Gruppen, ein paar Eltern reihten sich, verantwortungsbewußt blickend, ein. Kleinere Geschwister wurden geschleppt. Auf dem Asphalt war ein Schurren und Trappeln, wie ich es nur von den Sommerferien in Sophienhof kannte, wenn sich in der Frühe die Kühe auf dem Dorfplatz sammelten, um auf die Weide getrieben zu werden.

Die Lessingstraße endete wie die Goethestraße und die Schillerstraße an einem Feldrand, vor Zeiten Ackerland mit Weizen und Kartoffeln, seit Kriegsende Ödland. Ein paar Trampelpfade führten zum nahegelegenen S-Bahnhof Lichterfelde Süd.

Als wir eintrafen war zunächst nichts Sensationelles zu sehen. Ungewöhnlich lediglich ein paar russische Uniformen und ein Militärfahrzeug. Mein Freund Ecki kam angehechelt: »Guck doch mal da, Du Idiot!« Ich folgte einem angeknabberten, kohlschwarzen Zeigefinger und alles war klar. Dort stand es. Das Corpus delicti. Die Ursache aller Aufregungen. Ein tomatenroter, von biblischem Alter gezeichneter Amischlitten. Stand da. Quer auf der Lessingstraße. Im Osten.

Und erhitzte die Gemüter.

Was war geschehen? Ein kräftig bezechter GI hatte zu vorgerückter Stunde seinen Chevy mit der Absicht erklommen, möglichst zügig das heimische Kasernenbett zu erreichen. Seine innere Kompaßnadel mußte im Whiskynebel verrückt gespielt haben und so war er über Stock und Stein in Richtung Grenze abgedriftet.

In der Annahme, die im täglichen Politunterricht beschworene Invasion des Klassenfeindes sei im Anrollen, hatte Hansis Streitmacht eine wilde Schießerei veranstaltet, weniger angetrieben vom Verteidigungswillen, denn aus schlotternder Angst.

Zwei Opfer waren auf der Strecke geblieben. Das schrottreife Oldsmobil und – tragischerweise – dessen Lenker. Eben noch in fröhlicher Zecherrunde, verblutete er in den Morgenstunden im nahegelegenen Diakonissenhaus.

Wer nun annahm, dieser unglückliche Tote wäre der Anlaß der Konfusion, hatte weit gefehlt. Dem zerschossenen Autowrack galt die Aufmerksamkeit. Ein amerikanisches Automobil auf sowjetisch besetztem Gebiet. Ein Politikum. Ein Faktum höchster Brisanz.

Die sowjetischen Offiziere umschritten mit gebührendem Ernst das Gefährt und ließen keinen Zweifel daran, daß ihre Reaktion eine drakonische sein werde. Doch das sollte erst der Anfang sein. Der Anfang einer Posse, die bereits in meiner jungfräulichen Kinderseele die Vermutung aufkommen ließ, das Politik, dieser respekteinflössende, alles erklärende und alles verwirrende Begriff der mächtigen Väter, der mächtigen Lehrer, der mächtigen Minister, nichts anderes ist als ein Haufen Unsinnigkeiten.

Nach einer reichlichen Stunde verließen die betreßten Herren schweigend und unter Zurücklassung einer gewaltigen Staubwolke den Ort des Geschehens. Ein blutjunger,

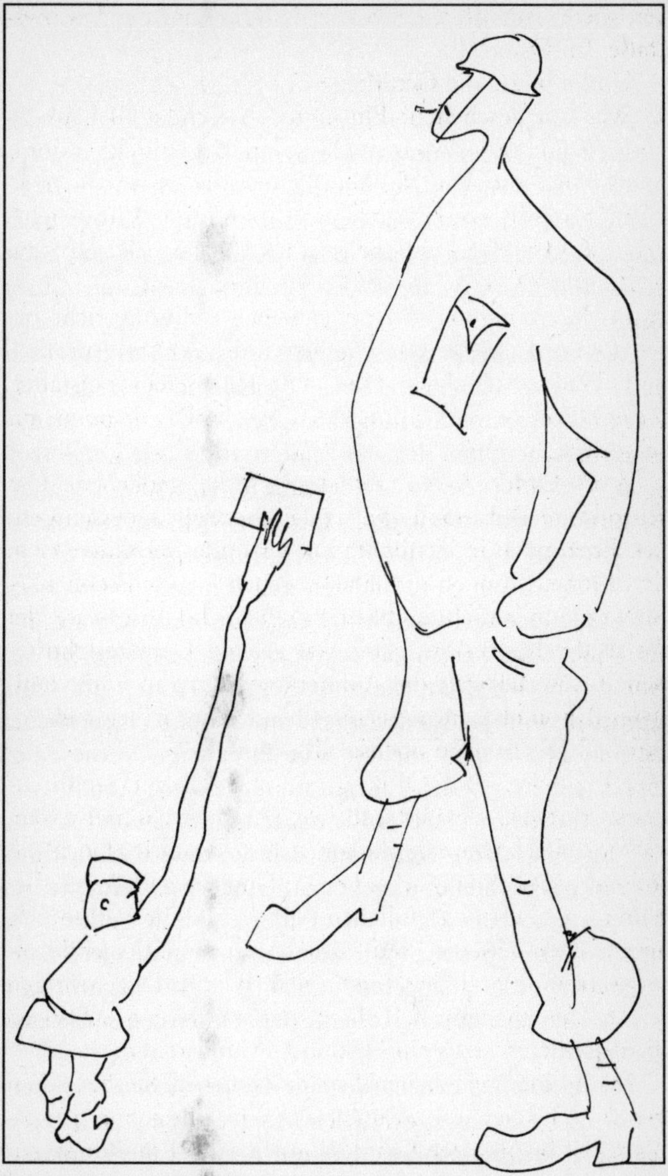

glatzköpfiger Muschik blieb als Bewachung zurück. Sein Versuch, sich mittels quer vor die Brust gehängter Kalaschnikow ein martialisches Äußeres zu geben, schlug fehl. Der kleine russische Soldat vor dem zerschossenen Amischrotthaufen, ein Bild merkwürdiger Symbolik.

Am nächsten Tag wollten die Schulstunden kein Ende nehmen. Die sonst üblichen Fahrten zum Baden nach Mahlow, Völkerballspielen oder »Knödeln«, all das hatte seine Bedeutung verloren. Es gab nur eine Parole: Zum Ami!

Was hatte sich in der Lessingstraße getan? Viel hatte sich getan. Die verschlafene, schmale Asphaltstraße mit den verloren hingetupften Siedlungshäuschen, den wenigen struppigen Bäumen, den dösigen Feldern, der ganze gottverlassene Winkel hatte eine wundersame Veränderung erfahren. Es summte und schwirrte. Es formierte sich, es versammelte sich. Und das Ganze militärisch, straff organisiert.

Auf westlicher Seite bildeten drei Jeeps ein nach Osten offenes Karree. In dessen Mitte ein schmucker, sehr eleganter Tisch. Rundherum vier schmucke, sehr elegante Stühle. Auf ihnen vier schmucke, sehr elegante Herren mit Uniformtuch vom Feinsten, Orden, und Ehrenzeichen höchst diskret, Haare grau meliert, mit Stimmen wie die eines Bauchredners. An den Fahrzeugen die lässigen Chauffeure, weiße Stahlhelme, weißes Riemenzeug, weiße Gamaschen.

Auf der anderen Seite hatte sich die sowjetische Administration in Stellung gebracht. Auch sie hatte keine Mühen gescheut. Da stand ein Jeep. Frisch poliert. Da standen fünf Offiziere. (Wie waren die alle in den Jeep reingegangen?) Die mangelnde Qualität des Uniformtuchs wurde durch reichlich vorhandenen Ordensschmuck ausgeglichen.

Hatte man bei den Herren auf der westlichen Seite den Eindruck, sie würden sich jeden Moment zu einem kleinen Golfspiel erheben, spürte man auf östlicher Seite unzweifelhaft den eisigen Atem der Weltgeschichte. Arm, aber entschlossen.

Erst einmal tat sich nichts. Der sowjetische Jeep brubbelte leise im Leerlauf. (Die ewige Angst sowjetischer Fahrzeuglenker vorm Nichtanspringen des Motors.) Plötzlich, wie zufällig, machte sich ein GI auf den Weg, schlenderte mit einem Zettel, nicht größer als eine Skatkarte, auf die gedachte Grenze zu. Dort brachte er sich, nicht ohne vorher seine Position um wenige Millimeter zu korrigieren, in Stellung und wartete.

Mit dem Zettel. In den Himmel schwang sich mit jubilierendem Gesang eine Lerche. Die Sonne begann zu brennen. Eine DC 3 röhrte in Richtung Hamburg.

Wie zufällig löste sich der Fahrer des Russenjeeps aus der Gruppe, marschierte, vielleicht eine Spur zu zackig, in Richtung Grenze. Der Zettel wechselte den Besitzer. Wortlos, blicklos. Wie zwei dressierte Hunde retirierten die Boten in die heimischen Gehöfte.

Die Zeit schien stehenzubleiben.

Die Russen, tief über das Zettelchen gebeugt, kämpften offensichtlich mit Übersetzungsproblemen. Die Amis nahmen aus ihren Thermosbehältern den ersten Becher Kaffee zu sich. Wir hockten wie die Spatzen auf der Bordsteinkante und wagten kaum zu atmen. Vielleicht fingen sie gleich an zu schießen. Nichts dergleichen.

Den sowjetischen Herren schien eine entscheidende Vokabel zu fehlen. Auf ein Kommando sprangen alle fünf mit großer Routine in den Jeep, der Fahrer ließ den Motor aufheulen und weg waren sie. Die Amis saßen noch ein Weilchen in der Sonne, tranken ihren Kaffee aus, erhoben sich, streckten sich wie nach einem reichlich erfolgreichen Arbeitstag, bestiegen ihre Fahrzeuge und entfernten sich mit (etwas melodischerem) Motorgeheul.

Zurück blieb das Autowrack. Merkwürdig unbeachtet. Und der Muschik, auch kaum beachtet. Es war wohl immer noch der gleiche vom Vortrag. Diese groteske Zeremonie wiederholte sich nun jeden Tag. Die Stäbe bezogen ihre Posten, Zettel wechselten hin und her. Nach etwa zwei Stunden allgemeine Auflösung. Jeden Tag.

Das Publikumsinteresse begann nachzulassen. Die Sensation hatte sich veralltagt.

Ich ging jeden Tag hin. Die Vorgänge faszinierten mich unverändert. Was waren das für rätselhafte Botschaften, die erwachsene, hoch gewichtige Persönlichkeiten mit großem Ernst immer wieder zusammenführte?

Mein größtes Interesse galt den GI's. Wesen aus einer anderen Welt. Verführerisch schön. Ein Freund hatte erzählt, die hätten in der linken Hosentasche einen Knopf. Wenn sie ihn betätigen, sprang die Waffe automatisch in die rechte Hand. Sehnsüchtig wartete ich auf eine Zuspitzung. Fehlanzeige.

Am fünften Tag, ich hatte mich gerade damit abgefunden, die Sommerferien in diesem Jahr in der Lessingstraße zu verbringen, ergab sich eine jähe Wendung. Bereits nach der ersten Zettelübergabe wurde zusammengepackt. Ein monströser, amerikanischer Abschleppwagen tauchte aus dem Nichts auf. Mit großer Akkuratesse schob er sein Hinterteil auf die gedachte Grenzlinie. Ein GI tunkte den Abschlepphaken in die sowjetische Lufthoheit. Die gesamte sowjetische Administration nebst Fahrer wuchtete das Wrack in Richtung Haken. Nach einigen erfolglosen Versuchen, diesen zu plazieren, überreichte der GI ihn gönnerhaft seinem Kollegen mit dem roten Stern am Käppi, zeigte dieser doch erheblich mehr Geschick bei der Organisierung eines Abschleppvorganges. Der Haken saß, der Abschleppwagen brüllte auf wie ein waidwund geschossener Elefant und ab ging die Post.

Grußlos, sehr geschäftig entschwanden die Militärs. Hoch zufrieden mit dem Geleisteten. Es war wieder still. Die struppigen Bäume raschelten im Sommerwind. Die

Häuschen begannen wieder einzunicken. Die Lessingstraße versank wieder in Anonymität.

War ich wirklich eine Woche lang Zeuge eines hochpolitischen Vorganges gewesen? Hatte nicht eben noch der Atem der Geschichte die Lessingstraße gestreift? Oder war das alles nur ein Spuk?

Am Horizont sah ich, wie der Abschleppwagen, das einwochenlange Objekt der Begierde, achtlos auf einen Schrottplatz abkippte, und, irgendwie erleichtert, entschwand.

Eine Katze schnürte in forschem Tempo über die Grenze.

Sehr konzentriert.

Eine Westmaus hatte ihre Aufmerksamkeit erregt.

Sie hat sie erwischt.

Schlager der Woche via Damaskus

Hilversum, Beromünster, Ankara, Bruxelles ... Stunden konnte ich vor der matt erleuchteten Skala unseres Familienradios verbringen, um mich auf den Kämmen geheimnisvoller Radiowellen in die weite weite Welt entführen zu lassen. Monoton fordernde Morsezeichen, mysteriöses Rauschen, hier und da ausländische Sprachfetzen, martialische Männerstimmen, näselndes Damengewisper, hektisch scheppernde Tanzmusik, niemals ein Ende findende Opernarien, für mich Welt. Einfach Welt. Unerreichbar. Schillernd. Voller Geheimnisse.

Unser Familienradio war ein Prachtstück. Das mahagonipolierte Gehäuse hatte die Größe einer mittleren Kartoffelkiste. Der größte Teil der Vorderfront wurde von kunstvoll gewebtem, goldfadendurchwirktem Textilgeflecht eingenommen.

In dessen rechten unteren Ecke ein Höhepunkt meiner lustvollen Radio-Treffs: Das magische Auge. Das etwa mantelknopfgroße Glasfenster erstrahlte in sanftem Grün. Hatte man einen starken Sender gewählt, konnte es sich fächerförmig aufblähen, um sich beim Erreichen eines schwächeren Kollegen enttäuscht zu verengen. War überhaupt kein Sender in Sicht, schien es verlöschen zu wollen, sich zurückzuziehen, irgendwie beleidigt. Werden und Vergehen einer exotischen Blüte oder Freud und Leid einer Empfangseinrichtung. Spiegel eines Innenlebens, eben ein Auge. Ein magisches Auge.

Rechts und links neben der Skala zwei drehbare, leicht angegilbte Bedienungsknöpfe. Der größere links für die Tonfärbung, der kleinere für die Lautstärke. Rechts der größere für die Senderwahl, der kleinere ohne Funktion.

Die Gestalter hatten ihn lediglich aus Gründen der Ausgewogenheit angebracht. Unter der Skala Tasten für die unterschiedlichen Wellenbereiche.

Spannend wurde es wieder im linken unteren Teil der Stoffbespannung. Hier gab es drei Tasten: Baß, Klassik, Jazz. Drückte man die Taste Baß, geriet das golddurchwirkte Textil in Wallung. Das erinnerte mich an meine Kindertage auf dem Lande. Unsere Ziege Meta hatte nasses Gras gefressen. Die Folge war ein trommelhart gespannter Blähbauch. Der herbeigeeilte Viehdoktor schnitt kurzerhand ein Loch in unsere Meta. Ein nicht endenwollender übelriechender Seufzer befreite den lebensnotwendigen Milcherzeuger von seiner Pein. Nach der Erlösung bubberte der überanstrengte Ziegenbauch wie das von dumpfen Bässen gewölbte Textil unseres Familienradios.

Der Unterschied zwischen den Tasten Klassik und Jazz hat sich mir nie erschlossen. Aber zu gern drückte ich die Taste Jazz, beinahe lüstern. Haftete diesem Wort doch etwas Verbotenes, ja Anrüchiges an. Wie heimliches Zigarettenrauchen oder Liebesbriefeaustauschen.

Von der Familie wurde fast ausschließlich ein Sender gehört, der gar nicht auf der Skala stand: Rias. Diesen Sender hatte es auf höhere Weisung hin nicht zu geben. Hilversum, Beromünster, Ankara, Bruxelles bitteschön, aber nicht Rias. Die Renner im Programm waren *Es geschah in Berlin*, *Mach mit*, *die Kaffeetafel*, zum Mittagskonzert spielte Ingeborg von Streletzky. Jedoch spätestens bei den *Schlagern der Woche* drifteten die Geschmäcker auseinander. Drei Titel waren das Äußerste, dann mußte das »Amigedudel« abgeschaltet werden. »Was hast Du nur davon, lies doch lieber.« Den Siegertitel mußte ich am nächsten Morgen in der Schule erfragen. Schmerzliche Momente. Die die Sehnsucht nach selbständiger Verfügungsgewalt immer stärker werden ließen. Doch zunächst hieß es mit den heimlichen Rendezvous vorlieb zu nehmen. Den Rendezvous mit dem magischen Auge, mit der Jazz-Taste, mit Hilversum, Beromünster, Ankara, Bruxelles ...

Knabenzeit verging. Kirchliche Disziplin elterlicherseits hatte inzwischen einen Konfirmanden aus mir werden lassen. Der reichlich kurz gewachsene Jüngling erwartete sehnsüchtig die ersten Bartstoppeln ... Da brach es über ihn herein.

Nein, den abscheulichen Feldaufschwung hatte er nicht geschafft, auch die erhoffte Wahl zum Torwart der Klassenmannschaft ließ weiter auf sich warten, die erste Liebe versteckte sich weit hinterm Horizont ... Apropos erste Liebe, ein bißchen hatte es schon damit zu tun. Sein Name war *Mambo.* Die vorwärtsstürmende Welt der Technik hatte sich von unserem mahagonipolierten Monstrum entfernt. Kleine Formen kamen in Mode. Von Strippen und Steckdosen befreite, tragbare, überall einsetzbare Geräte. Die Kofferradios.

In einer abgewetzten Westzeitung hatte ich ihn entdeckt: *Mambo.* Nicht größer als ein Schuhkarton, unendlich schick mit Messingleisten, wenig Textil, lässigem Schriftzug: *Mambo.* Das klang nach Freiheit. Auch ein bißchen Revolte. Unabhängigkeit. Sehnsucht nach Welt. Aber ein Traum. Immer wieder wallfahrte ich nach Lichterfelde Ost, was aber der Westen war und drückte mir bei Radio-Spiering am Schaufenster die Nase platt.

Die spektakulären Spitzenprodukte ließen mich kalt. Ein kleiner, flaschengrüner Kasten zog mich in seinen Bann. *Kofferradio Mambo, für Haus und Garten, immer mobil!* Mobil. Auch so ein Zauberwort. Auch ich wollte mobil sein. Was auch immer das Wort bedeuten mochte. Bewegung? Automobil. Perpetuum mobile. Oldsmobil.

Meine Liebe zu *Mambo* wird eine platonische bleiben müssen. Das Wasser war viehiel zuhu tief. Meine Trauer wucherte zum Weltschmerz. Kein *Mambo,* keine Welt. Das magische Auge verlor an Anziehungskraft. Die Jazz-Taste fand ich provinziell. Die familiären Radio-Runden wiesen eine Lücke auf. »Radio finde ich spießig!« Meine krächzig mutierenden Stimmbänder beeinträchtigten den beabsichtigten Eindruck von Lässigkeit und Überdruß. Mit meinem Dostojewski-Helden versuchte ich statt dessen meinen Weltschmerz zu teilen. Sie waren wenig hilfreich. Die Objekte der Entsagung zu unterschiedlich. So mancher Tag endete mit schniefigem Rotz im Kopfkissen.

Unverhofft nahte Erlösung.

Gewöhnlich mied ich diesen Laden: *»Radio-Salon, RFT-Spitzentechnik und Zubehör«*. Spitzentechnik. Lächerlich!

Ich hatte einen Schritt in die Welt getan, mein geschulter Blick konnte das nur als »Ostplunder« abtun. Kein Thema.

Und doch stand ich eines Tages vor dem Schaufenster. Aus einem unerfindlichen Grund. Vielleicht war es Schicksal? Ich stand und glotzte. Ich wollte meinen Augen nicht trauen. *Batterieradio. Überall einsetzbar!*

Nun gut, mit dem *Mambo* war es nicht zu vergleichen. Das schwarzbraune Bakelitgehäuse hatte die Größe von zwei Schuhkartons, die Form verjüngte sich nach unten hin, die Bedienungsknöpfe blitzten golden, auf der immer noch reichlichen Textilfläche prangte seitlich oben ein ebenfalls gülden blitzendes Signet mit Kirchtürmen.

Nicht schlecht. Auch der Preis ließ hoffen. Batteriegetrieben. Immer mobil. Schlager der Woche auf der Wiese und in voller Länge. Irgendwo im Wald eine Party feiern. »Wo willst Du denn die Musik herkriegen?« »Die Musik? Kein Problem. Ich hab ein Kofferradio. Immer mobil.« Der kleine Kerl gefiel mir immer besser. Fieberhaft begann ich zu rechnen. Etwa die Hälfte der Summe war in meiner Sparbüchse. Vielleicht half Vater im Westen? Alles mal vier. Es mußte zu schaffen sein. Beschwingt eilte ich nach Hause. *Just to working in the rain.* Die Beschaffung der Finanzen gestaltete sich schwieriger als gedacht. Die Eltern hal-

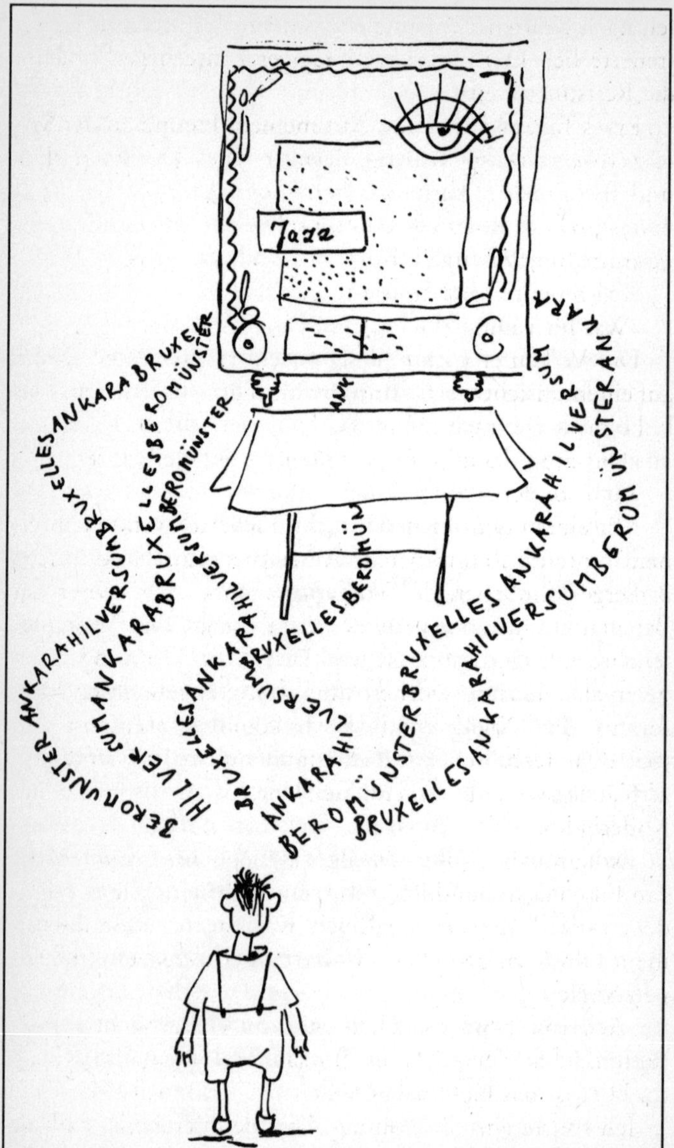

Jazz
BEROMUNSTERANKARAHILVERSUMBRUXELLESANKARABRUXEL
HILVERSUMANKARABRUXELLESBEROMÜNSTER
BRUXELLESANKARAHILVERSUMBEROMÜNSTER
ANKARAHILVERSUMBRUXELLESBEROMÜN
BEROMÜNSTERBRUXELLESANKARAHILVERSUMKARA
BRUXELLESANKARAHILVERSUMBEROMÜNSTERAN

fen nach Kräften. Das eine oder andere Tantchen in Kassel steuerte bei. Erst ein vierzehntägiger Ernteeinsatz brachte die Restsumme ein.

Eines Tages war der Tag. Mit meinem Freund an der Seite zur Verstärkung (er war Besitzer eines Detektorradios und also Experte) betrat ich den Laden *Radio-Salon, RFT-Spitzentechnik und Zubehör.* Nur schwer gelang es mir, meine Aufregung zu zügeln.

»Ich möchte das Batterie-Radio kaufen.«

»Was fürn Ding?«

Der Verkäufer wirkte blasiert. Sein rechtes Auge schien auf einen unsichtbaren Hintermann achten zu müssen. Das linke musterte mich kalt.

»Das Batterieradio im Schaufenster. Überall einsetzbar.«

»Ach so, den.«

Mit einem Seufzer der Verachtung verschwand er in einem hinteren Raum. Meine Annahme, dem Fluidum des Außergewöhnlichen des Vorganges könne sich keiner der Beteiligten entziehen, erwies sich als irrig. Der Verkäufer tauchte auf. Und plötzlich war die Welt in Ordnung. Meine in den letzten Wochen dramatisch angewachsene Besorgnis, das Objekt der Begierde könnte ausverkauft sein (bei dem technischen Höchststand nur zu verständlich), zerplatzte wie eine Seifenblase. Unterm Arm trug er das Kofferradio.

Es kam mir größer vor als das Gerät im Schaufenster. Ein bißchen unhandlich. Auch etwas düster. Mit den güldenen Kirchtürmen. Egal. Ich war finster entschlossen, mein Glück zu genießen. Meine Ungeduld spielte mir einen Streich.

»Ach bitte, Sie brauchen mir das Gerät nicht vorzuführen. Ich kenne mich aus. Bin ja mobil. Ich nehm's gleich so. Hier ist das Geld. Abgezählt.«

Ich spürte eine Bedrohung, irgendein Ereignis, daß die Übergabe verhindern könnte. Beinahe gewaltsam riß ich dem Verkäufer das Gerät aus der Hand, stürmte zum Ausgang und schrie: »Wiedersehn!«

»Moment, Moment, Sie haben noch etwas vergessen!«

Wie von der Tarantel gestochen fuhr ich herum. »Was denn?« Das war keine Frage mehr, das war existenziell.

»Die Batterie.«

»Ach so, ich dachte, die wären schon drin.«

Der Mann verschwand wieder im hinteren Raum.

»Ich hätte welche gehabt.« Mein Freund verstand mich. Eben ein Freund.

Der Verkäufer taucht auf. Ich sehe zuerst seinen Rücken. Irgend etwas scheint ihn zu quälen. Ein umständlicher Kerl. Vorsichtig dreht er seinen Bauch herum. Er hat Mühe, einen grauen Kasten, groß wie zwei Ziegelsteine, auf den Ladentisch zu wuchten.

»So, das wär's.«

»Was ...«

»Na, die Batterie. Ich denke, Sie kennen sich aus?«

»Die Batterie? Ich denke, Monozellen oder Flachbatterien ...«

»Nee, da biste hier falsch, det jibts nur drüben. Is'ne Exportausführung für Syrien. Die haben doch da ken' Strom in der Wüste.«

»Ach so.«

»Kann man ja ooch erkennen, wenn man 'n bißchen pfiffig ist. Hier vorn die Minarette und die arabischen Schriftzeichen.«

»Ja, ja, ist klar. Mir nicht neu.«

Zum Glück packt mein Freund mit an. Allein hätte ich mein Radio nebst Batterie nicht nach Hause gebracht.

Der Freudentanz bleibt aus. Der Heimweg wird lang. Eigentlich sollte er von heißer AFN-Musik begleitet werden. Wir sind schweigsam.

Endlich sitzen wir in meinem Zimmer. »Mach doch mal an!«

Die Batterie sieht furchterregend aus. Schmutziggrau. Ein schütterer Draht hängt herunter. »Mach Du das bitte.«

Mein Freund ist Feuer und Flamme. Der Experte bricht durch. »Is ja toll. So'n ulkiges Ding hab ich noch nie gesehn!«

Ulkiges Ding.

Geschickt hat er die Drähte montiert, einen Schalter betätigt. Der Nachrichtensprecher ist gerade beim Wetterbericht. Ich bin überrascht, nicht die Stimme eines Muezzins zu hören. Meine Freude hält sich in Grenzen.

»Menschenskind, was ziehst'n fürn Gesicht. Du hast Dein eigenes Radio! Kannst immer Schlager der Woche hören!«

Er hat ja recht. Es war ja immer mein Wunsch. Und die Party im Wald? Da gibts 'ne Menge Leute. Wird sich jemand finden, der die Batterie trägt. Und irgendwie spannend ist das ja. Die Minarette ...

Die arabischen Schriftzeichen ...

Radio für Syrien ...

Strom für die Wüste ...

Irgendwie Welt.

Der Bäcker und der KGB

In den frühen Morgenstunden tritt ein seriös gekleideter Herr aus seinem gepflegten Villengrundstück einer Dahlemer Nobelstraße. Er blickt prüfend zum Himmel. Es wird ein angenehmer Tag werden. Der Mann, Dr. L., Chef einer Organisation mit dem pathetischen Namen *Kampfgruppe gegen Unmenschlichkeit*, einer Organisation, die in der Grauzone des Ost-Westspannungsfeldes eine ziemlich unrühmliche Rolle spielt, begibt sich zu Fuß auf den Weg zu seinem Büro. Plötzlich naht mit hoher Geschwindigkeit eine schwarze Limousine, bremst scharf, zwei Männer springen heraus, packen den Mann und schlagen ihn mit einem Sandsack bewußtlos. Sie zerren den leblosen Körper in das Auto. Ein Dritter drückt ihm ein chloroformgetränktes Taschentuch ins Gesicht. Das Auto verschwindet, gespensterhaft wie es gekommen war.

Grenzübergang Lichterfelde Süd. Zwei Volkspolizisten öffnen den Schlagbaum. Man kennt ihn, solange es ihn gibt, nur in der Waagerechten.

Im Westen, in Höhe der Bergstraße, taucht die schwarze Limousine auf, rast bis zur abzweigenden Schwelmerstraße, verlangsamt die Fahrt, passiert den Schlagbaum. Im Fahrzeug ist Unruhe entstanden. Der Entführte ist offensichtlich aufgewacht, es gibt eine Rangelei.

Bäckermeister Zinne steht vor seinem Laden und läßt sich das mehlbestäubte Gesicht von der schon wärmenden Sonne bescheinen. Der ungewöhnliche Vorgang am Schlagbaum reißt ihn aus seinem seligen Wegdösen. Er sieht die kämpfenden Gestalten in der Limousine. Nach einer Schrecksekunde stößt er einen dünnen Schrei aus: »Hilfe!« Ganz Seehof ist wie ausgestorben.

Bäckerei

Bäckermeister Zinne stürmt zu seinem winzigen Dreiradauto, mit dem er morgens immer die Schrippen ausfährt. Er schwingt sich hinein und nimmt wild hupend die Verfolgung der Limousine auf. Die beschleunigt ihre Fahrt. Eine Scheibe wird heruntergekurbelt, eine Hand mit einem Revolver wird sichtbar, drei Schüsse fallen. Das Dreiradauto des Bäckermeisters Zinne stöhnt getroffen auf, verliert an Fahrt, bleibt stehen. Bäckermeister Zinne steigt aus seinem Auto und brüllt jetzt mit seiner normalen Baßstimme: »Ihr Arschlöcher!«

Presseschlagzeilen am nächsten Tag. *»Brutaler Menschenraub!« »KGB schreckt vor keiner Gewalttat zurück.« »Westmächte tatenlos – Polizei chancenlos!« »Wildwest in Dahlem« »Ostvopos waren informiert.«*

Kein Wort vom tapferen Bäckermeister Zinne. Das Bäckerwägelchen stand noch tagelang am Straßenrand. Mit drei Löchern im Kühler. Schrippen hat es nie wieder ausgefahren.

Inder in der Stadt

Einmal im Jahr atmete das Land durch und gab sich international. Genauer gesagt im Mai. Einmal im Mai. (Ein cleverer Komponist hatte sogar eine Operette geschrieben.) Die Rede ist von der Friedensfahrt.

In der ersten Maihälfte trafen sich Radrennfahrer aller Herren Länder, um die gewaltige Strecke von Warschau über Berlin nach Prag bzw. im nächsten Jahr in umgekehrter Richtung von Prag via Berlin nach Warschau zurückzulegen. Mehr oder weniger erfolgreich. Mehr, das kam auf das Konto der arrivierten Sportnationen, weniger auf allerlei Exoten. Albaner, Morokkaner, Mongolen, Tunesier, Luxemburger, Triester, Monegassen, Inder. Die Begeisterung war riesengroß. Millionen Menschen säumten die Straßen, füllten Stadien, fieberten, diskutierten, liebten ihre »Giganten der Landstraße«.

Auch für mich gab es in den Maitagen nichts Wichtigeres als Zielankünfte, gelbe Trikots, Zeitgutschriften, Etappensiege, Formtiefs, Chancen, Massenstürze und und und.

Im Grunde meines Herzens hielt ich es immer mit den Verlierern, den Letzten im Feld, den Chancen- und Namenlosen. Habe ich heute so manchen Namen der Gesamtsieger vergessen, erinnere ich mich genau an Fahrer, die oft Stunden später wenig beachtet am Ziel eintrafen. Der Finne Unto Hautalahti, der an der mäßigen Steigung in Mahlow erst einmal eine Pause einlegte und mit Zuschauern plauschte. Der Däne Paulsen. Da aufgrund seines Rückstandes kein Materialwagen zur Verfügung stand, lieh er sich ein Damenfahrrad von einer Zuschauerin und strampelte unter dem Beifall einiger Unentwegter über den Zielstrich. Der albanische Schafhirte Derwishi. Mit einem guten Dutzend Stunden Rückstand beendete er tapfer das Rennen in Warschau. Der Ungar Czikos mit der Hasenscharte. Ich hatte die Ehre, ihm nach der Zielankunft das Rad halten zu dürfen. Die Betreuer waren längst über alle Berge. Ihm war nicht nur sportlich einiges in die Hose gegangen, sondern auch blasenmäßig. Er stank wie ein Klosett in der Jugendherberge.

Und eben die Inder.

Sie setzten unverwechselbare Akzente. Das hing nicht nur mit der Exotik ihres Heimatlandes zusammen, das betraf vor allen Dingen ihre Kostümierung. Ich erinnere mich an drei Namen: Dhana Singh, Sing Amarsit und Supra Chakravarty. Die beiden Singhs radelten im Schmucke eines kunstvoll gewundenen Turbans. Dhana, mit seinem kohlschwarzen Vollbart und einem Gesicht wie einer Ikone entstiegen, wurde zum Matador der Fahrt.

Natürlich spielten die Zielankünfte, die Favoriten, die führenden Mannschaften eine große Rolle. Aber so richtig schön wurde es erst nach anderthalb Stunden, wenn endlich Dhana kam. Oft mußte er zwischen bereits rollenden Straßenbahnen und Lastwagen jonglieren, aber die Menschen harrten aus. Jedes Schulkind kannte den Namen Dhana Singh, überall wurde er mit prasselndem Beifall bedacht. Auf den Schlußetappen hielt man vergeblich nach den Indern Ausschau. Längst war Dhana wieder in Dehli und verkaufte Limonade, Supra büffelte Sanskrit.

Da Teltow etwa in der Mitte des Kurses lag, standen unsere Chancen, die Inder feiern zu können, nicht schlecht.

11. Mai 1955. Etappe Leipzig-Berlin. Länge 200 km. Teltow war Durchfahrtsort und auf den Beinen. Erstaunlich wieviel Menschen unsere Stadt beherbergte. Die Straßenränder waren proppevoll. Helle Begeisterung, als Benno Funda als erster Fahrer auftauchte. Benno, »unser« Schornsteinfegermeister aus Zossen. Und grenzenlose Glückseligkeit, als der Lautsprecher verkündete, daß »unser« Benno seinen Vorsprung bis nach Berlin halten konnte und Etappensieger wurde. Teltow schwelgte. »Unser« Benno.

Die Fahrer waren durch, die letzten Begleitwagen hatten ihre Auspuff-Abschiedsgrüße unverkennbar hinterlassen. Alles wartete aufs Schmankerl: Die Inder. Die Kundigen wußten zu berichten, daß, bis auf einen, alle Inder ausgeschieden wären. Bis auf einen.

»Der mit dem Turban?«

»Nee, der hat keinen.«

»Gibts das?«

»Du hast 'ne Ahnung. Gandhi hatte ooch keen Turban.«

»Der war ja auch im Hungerstreik.«

Zeit verging. Gelegenheit zu plaudern, sich kennenzulernen, Meinungen auszutauschen. Und das nicht nur zum Thema Friedensfahrt. Ein freundlicher Nebeneffekt.

Wo bleibt Supra Chakravarty?

Immer wieder wurden die Hälse gereckt. »Er kommt!« Der obligate Fehlalarm. Irgendein Spaßvogel sprintete mit seinem Drahtesel die Straße lang. Das gehörte dazu. Die Absperrungen wurden gelockert, die Posten blickten nicht mehr so finster, ein gemütliches Volksfest schien in Gang zu kommen.

Ein Aufschrei der Enttäuschung. »Der Schlußwagen!« Der sogenannte »Lumpensammler« war das absolut letzte Fahrzeug. Er sammelte die ausgeschiedenen Fahrer ein und symbolisierte nicht nur für die das Ende des Rennens, sondern auch für die Zuschauer. Schade. War nix mit den Indern.

Plötzlich bremst der »Lumpensammler«. Genau vor uns. Neugierig umringt ihn die Masse. Und siehe da. Wie glücklich können Teltower sein. Eine beinahe mediterrane Begeisterung. Im »Lumpensammler« sitzt der Inder.

»Kiek mal, der Inder!«

»Aber ohne Turban.«

»Mensch, den hat er abgenommen. Is doch jetzt fertig.«

»Sieht aber trotzdem wie'n Inder aus.«

Es gelang mir durch das Gedränge bis zum Fahrzeug vorzustoßen. Tatsächlich. Da saß er. Auge in Auge. Supra

Chakravarty. Klein und zierlich. Ein bißchen verängstigt. Mit gehetztem Blick.

Warum hielt das Fahrzeug?

Den Massen ist das egal. Hauptsache sie hatten ihren Inder. Dem scheint das nicht egal zu sein. Unruhig blickt er um sich. Zappelt nervös auf dem Sitz herum. Will er vielleicht eine kleine Ansprache halten?

Ungestüm reißt er die Fahrzeugtür auf, drängelt sich ernergisch durch die Menschen, stürmt zum Straßenrand. Das Publikum ist begeistert. »Der Inder ist ausgestiegen!« Übermütig stürmt man hinter dem flinken Asiaten her. Ich mittenmang. Der Pulk kommt am Zaun der Tankstelle zum Stehen.

»Was isn jetzt los, will er vielleicht beten?«

»Da brauch er doch'n Teppich.«

»Weß ich selber.«

Supra Chakravatys Wunsch ist gänzlich anderer Natur. Er will nicht beten und will auch keine Ansprache halten. Er will pinkeln.

In höchster Not, den Menschenmassen trotzend, reißt er sich die Hose runter und läßt der Natur freien Lauf.

Die Leute empfinden das nicht als peinlich oder wenden sich etwa höflich ab. Immerhin ein Inder. In Teltow. Welche Stadt hat das schon aufzuweisen!

Nach vollbrachter Tat bringt der Fremde seine Textilien wieder in Ordnung und hastet erleichtert aber verschämt zurück ins Auto. Das Teltower Publikum spendet großzügig Applaus. Der »Lumpensammler« startet.

Supra Chakravarty verabschiedet sich mit einer kleinen Verbeugung.

Ein Inder in Teltow.

Seinen eigenwilligen »Zieleinlauf« werde ich immer in Erinnerung behalten.

Der Hausgenosse

Sein Name war Kurt Schulz. Sein Gesicht war wie sein Name. So eigentlich nichts. Augen graublau, Sommersprossen, rotes, strähniges Haar, schnell vergessen. Aber sein Lachen! Bekannt und gefürchtet. Als wenn ein Pferd hastig hustet. Bevor er auftauchte funktionierte es gewissermaßen als Vorauskommando, als Vorspann und – Frühwarnung. Man konnte noch rechtzeitig fliehen.

Zum ersten Mal sah ich Kurt Schulz am Bahnhof Teltow. Er kontrollierte die Taschen der Leute, die zur S-Bahn Richtung Westen wollten. Er war eifrig. Er machte seine Arbeit akkurat. Dabei nie unfreundlich, einer von den Angenehmen. Am verschossenen Uniformtuch kein Orden, kein Ehrenzeichen. Reichlich Platz für Kommendes.

Hurtig (kurtig?) erklomm er die ersten Sprossen der Karriereleiter, schon bald stand er ein wenig abseits vom profanen Kontrolliervorgang, dirigierte unauffällig, wie der Biologielehrer, der die Klasse im Schulgarten beim Mohrrübenverziehen überwacht. Zu den Damen galant, zu den Herren gelegentlich etwas forscher, der Situation angemessen, stets flexibel. Und wenn ihm ein Scherz besonders gelungen schien, kam es, das Lachen. Eine einzige Speichelsalve. Selbst den Robustesten holte er damit von den Beinen. Ein Straßenfeger. Der »Derrick« von Seehof. Kurt Schulz.

Wieder begegnet bin ich ihm an der Oberschule. Ich war in der zehnten Klasse. Vollversammlung in der Turnhalle. Fahnenappell mit Ansprache des Direktors. Thema: Neue Sicherheitsbestimmungen.

Und dann kam er. Kurt Schulz. Eigentlich kaum verändert. Dieser Typ Mensch kann 30 Jahre lang immer gleich aussehen. Das heißt, es stimmte nicht ganz. Ein paar Details waren dazugekommen. Einige Sprossen der sozialistischen Karriereleiter waren genommen. Uniformtuch geringfügig besser. Haltung straffer. Es funkelte nun auch standesgemäß an der Stelle, wo unter dem Uniformtuch das Herz des Parteiarbeiters schlägt. Es prangte schon das eine oder andere Schnällchen, da und dort etwas Rundes, Bronzenes, auch Güldenes.

Kurt Schulz auf dem Gipfel. Im Zenit. Kurt Schulz als Agitator. Und er war nicht schlecht. Frisch, frank, frei. Da ein Scherzchen, hier gebotene Ernsthaftigkeit. Das gefürchtete Lachen war in irgendeiner idyllisch gelegenen Parteihochschule, vormals Landschlößchen der Habsburger oder Hohenzollern, zurecht gestutzt worden. Es wurde jetzt nur noch »referatgerecht«, gezielt eingesetzt. Besonders wenn es den Gegner zu verhöhnen galt. Die Schlußsequenz gelang ihm besonders gut, steigerte sich fast in ein revolutionäres Pathos. Wäre nicht die Kleinmachnower Horde als reaktionärste, westlich verseuchteste bezirksweit berüchtigt, hätte sie mit dem Prädikat »mitreißend« bedacht werden können. Bei uns war nichts mehr mitzureißen. Es muß aber der Gerechtigkeit halber gesagt werden, es gab kein hönisches Gelächter, wie sonst bei diesen Anlässen. Knapper Sieg. Nach Punkten. Auf des Gegners Platz. Für Kurt Schulz.

Dann kam meine dritte Begegnung mit Kurt Schulz. Schicksalshaft. Völlig unvorbereitet. Niederschmetternd.

Die untere Wohnung in unserem Zweifamilienhaus war frei geworden. Und da stand er plötzlich abends vor der Haustür. Fröhlich grinsend überreichte er meiner Mutter, wie eine kleine Aufmerksamkeit zum Nikolaus, ein amtlich gesiegeltes Schreiben, das ihn und seine Familie als zukünftige Mitbewohner in unserem altehrwürdigen Familienbesitz auswies. Man konnte da gar nichts gegen machen. So etwas wurde entschieden und war damit jungdemokratisches Gesetz. Aber, es sollte uns noch härter treffen. Kurt Schulz hatte inzwischen wiederum eine Ehrung erfahren.

Er war zum ABV ernannt worden. Das muß man heutzutage schon erklären. ABV bedeutet Abschnittsbevollmächtigter, sprich zuständiges Organ der Deutschen Volkspolizei, umgangssprachlich Dorfsheriff von Seehof.

Der Tag kam, da Kurt Schulz nebst breithüftiger Gattin Dorchen und drei in etwa Einjahresabständen diszipliniert gefertigten Töchtern unsere dunkelbraune, vom Tischler Matschos aus Storkow gefertigte Haustür passierte.

Nach fünf Minuten prangte an der Hauswand ein kleines, giftig grünes, irgendwie klebrig wirkendes Schild: Abschnittsbevollmächtigter der Deutschen Volkspolizei.

Die Ehrennadel in Bronze an der Abendrobe von Pierre Cardin. Schon bald füllte der hastige Pferdehusten das Haus bis zum Dach, waren unsere Politsensoren voll gefordert. Stellte sich unser neuer Hausgenosse mutig, sei es am Treppenabsatz an der Waschküche oder der mickrigen Dahlienrabatte, jeder Diskussion. Und war sie auch noch so hinterfotzig, Kurt Schulz hatte das verblüffende Talent immer einen positiven Kern herauszuarbeiten. Er konnte einen totquatschen. Und wenn nichts mehr klappen wollte, hatte er sein Lachen parat. Dann mußte man, selbst mit schlagkräftigsten Argumenten ausgestattet, das Feld räumen. Fluchtartig.

Aber Kurt Schulz war kein Untier. Im Gegenteil. Er hatte es mit der Kunst. Ein Großteil seiner Toleranz verdankten wir unserem Bonus als »Künstlervölkchen«. Hier hatte Kurt Schulz sein Lindenblatt. Hier keimte zaghaft seine blaue Blume. Abends, im schwermütigen Rot des Sonnenunterganges, saß er hinter der Gardine und spielte auf der Blockflöte die »Internationale«.

In den Stuben der für unsere Sicherheit Verantwortlichen war ein neuer Plan ausgeheckt worden. Immer noch gelang es den Pfiffigen, den zu allem Entschlossenen, das schier unüberwindliche Hindernis, brutal und damit zutreffend »Mauer« genannt, zu überwinden. Mit Ballons,

mit gepanzerten Lastwagen, durch unterirdische Tunnelanlagen, mit Luftmatratzen und Schlauchbooten. Das wurmte die Maueringenieure. Sie wollten's doch so perfekt. Sie wollten doch endlich nach oben melden: Alles dicht. Die Schafe bleiben im Gatter. Sie haben begriffen, wie gut wir es mit ihnen meinen.

Die Mauer genügte nicht mehr. Mehr Mauer mußte her. Die Übermauer. Die Vormauer. Eine Mauer vor der Mauer. Zur ersten Selektion. So kam der Tag der Erfindung des Grenzgebietes. Vor der eigentlichen Grenze wurde ein Sicherheitsstreifen fixiert. Breit. Wenige Meter bis zu einigen Kilometern, je nach der territorialen Gegebenheit. Dort wurde nochmals ein reichlich zwei Meter hoher Drahtzaun installiert. Nur Bürger im Besitz eines Passierscheines durften ihn betreten.

Kann man Absurdität steigern? Man kann.

Heute ein Treppenwitz der Grenzgeschichte, damals tragische Situation.

Wir arbeiteten in Brandenburg, mußten nach geltendem Recht dort auch polizeilich gemeldet sein. Um ein Wochenende zu Hause verbringen zu können, mußten wir auf der Polizeimeldestelle in Brandenburg, einer Dienststelle mit äußerst reduzierten Öffnungszeiten, einen Passierschein beantragen. Wartezeit bis zu drei Wochen. Und das bei einem Beruf, wo Termine höchstens bis übermorgen planbar sind.

Es gab nur eine Möglichkeit. Die Illegalität. Mama gab ein ausgeklügeltes Zeichen per Kronleuchter im Schlafzimmer: Streife ist durch, die nächste kommt erst in einer Stunde. Unterm Drahtzaun durch, mit Sack und Pack über die Johannisbeersträucher in unseren Garten, Waschküchentür, Keller, zu Hause. Retour das gleiche.

All das mit der Ministaatsmacht im Haus.

Der Drahtzaun war das eine, die untere Etage das andere. Galt es doch nun weiterhin hellwach zu sein, damit der

Zerberus als amtliches Organ vorort, natürlich genauestens über Genehmigungen informiert, nichts merkt. Kontrolliert hat er nie, sicherlich gelegentlich auch ein Auge zugedrückt. Wir wolltens aber nicht drauf ankommen lassen. Kam ein Passierscheinvergehen raus, durfte man überhaupt nicht.

Silvester 1965. Wir durften in unserem Haus feiern. Da inzwischen hier unsere Kinder aufwuchsen, waren wir im Besitz eines Dauerpassierscheines, halbjährlich zu verlängern. Den Organen nochmals Dank dafür.

Das Problem war, daß wir uns scheußlich einsam fühlten in unserem Haus. Mit unseren Passierscheinen. Ein Plan wurde geboren und umgehend in die Tat umgesetzt. Wir riefen die Herzensfreunde an. Sie kamen. Illegal. Die Stunde war spät gewählt. Dunkelheit. In der Ferne ein paar frühzeitige Silvestlerknaller. Wir im Haus mit gutem Überblick auf den vorderen Teil der Straße, dem Terrain der Streifengänger, die Herzensfreunde getarnt im unwegsamen Hinterland.

Die letzte Streife schlendert am Haus vorbei, verschwindet in Richtung Schillerstraße. Das vereinbarte Lichtzeichen im Schlafzimmer. An-Aus-An. Der Durchbruch wird gestartet. Unterm Zaun durch, Johannisbeersträucher, Garten, Waschküchentür, erste, tonlose Begrüßung. Schleichgang die Treppe hoch. Am »Schilderhäuschen« vorbei, Wohnungstür zu. Geschafft.

Wir liegen uns in den Armen.

Erstes Treffen nach zwanzig Jahren Workuta.

Und nun: »Flüsterparty«. Wir »Legalen« durften eine Lippe riskieren, die Herzensfreunde waren zur Pantomime verurteilt. Kritisch wurde das Ganze, als der mitgebrachte Johnnie Walker langsam zur Neige ging. Der Herzensfreund ist leidenschaftlicher Sänger mit gelegentlicher Soloverpflichtung im Kirchenchor. Wir hatten unsere liebe Mühe. Trotzdem wir waren glücklich und stolz auf unser Zusammensein.

Da ging die Klingel.

Mein Gott, wir hatten die Zeit »verflüstert«. Es war schon nach zwölf.

Im Ghetto gab es keine Besuche. Es sei denn, von einem aus dem Ghetto. Natürlich, der Hausgenosse. Ein einsamer Mensch. Schon damals begannen ernsthafte Differenzen mit dem breithüftigen Dorchen. Was lag näher, als mit einem Nachbarn bei einem guten Schluck und einem gediegenen Gespräch über Kunst, das alte, nicht sonderlich frohsinnige Jahr zu verabschieden. Nun muß, spätestens an dieser Stelle gesagt werden, Kurt Schulz liebte nicht nur die Partei, den Waffenrock und die Blockflöte, er liebte, bei seinem Job nur verständlich, den Alkohol. Es gab Geschichtchen und Histörchen, unser Kutte, unser Dorfsheriff, immer flott, *nein* sagen kann er nicht, weder am Tresen noch bei den Damen. Nun steht er vor der Tür mit halbvollem Glas und übervollem Herzen.

Wir stolpern panikartig durch die Räume. Plötzlich sind wir so viele. Wohin? Die Klingel geht zum zweiten Mal. Ich schubse die Herzensfreundin ins Klo. Das ist ein Raum, nicht viel mehr als ein Kubikmeter. Sauerstoffreserven für höchstens eine Stunde. Der Herzensfreund segelt trällernd, nicht ohne sich vorher die Johnnie Walker-Flasche geschnappt zu haben, ins Kinderzimmer. Die Luft ist rein.

Wir können die Wohnungstür öffnen. Strahlend, geradezu euphorisch begrüßen wir unseren nächtlichen Gast. Er ist gerührt. Soviel Herzlichkeit ist er nicht gewöhnt. Aus irgendeinem Grund geht die Herzlichkeit nicht soweit, daß es zu einem Vorstoß ins Wohnzimmer kommt. Aus irgendeinem Grund sind die Künstler spröde. Aus irgendeinem Grund kommt es zu dieser Stehparty an der Wohnungstür.

Kurt Schulz läßt sich nicht beirren. Kurt Schulz will und muß reden. Wir zwei, dieses Gastgeberehepaar, stehen steifbeinig, ganz »unsilvestrig« in der Korridorgegend rum. Unser Silvestergast im Türrahmen schwadroniert unbeirrt.

Merkt der denn nichts? Alkohol und drängendes Mitteilungsbedürfnis halten das ansonsten hellwache Polizistenauge offensichtlich im Nebel. Gut so. Er wird ja mal wieder gehen. Ich höre die Herzensfreundin im Klo verkrampft husten. Durch ein grelles Gelächter versuche ich abzulenken. Kurt Schulz ist irritiert. Lacht der mich aus?

Mir kommt ein rettender Einfall. Vor einer Stunde hatten wir Glückslose gezogen. Diese gräßlichen Würste mit den pinseligen Enden, an denen beide Partner ziehen müssen. Mit einem peinlichen Peng fällt schlimmstenfalls ein kleiner Nachtopf heraus und ein Glücksspruch. Meiner lautete: Trau Dich doch mal, küsse ihn! Dieses Zettelchen zeige ich Kurt Schulz. Es geschieht, was geschehen muß: Die Lachsalve. Wie in seinen besten Tagen. Laut, speichelig, anhaltend. Und wir beide mit. Albern laut. Viel zu laut. Herzensfreunde, haltet durch!

Aber Kurt Schulz muß erst den Spruch meines Glücksloses in die Tat umsetzen. Der Alkohol muß reichlich geflossen sein. Heute ist eben alles ein bißchen anders. Und wir sind ja zu allem bereit, zu allem, wenn es denn irgendwie, irgendwann zu einem Abgang kommen möge.

Nichts dergleichen. Die Nacht ist lang. Und Dorchen frigide. Kurt Schulz muß das Thema »Kollektivierung« aufgreifen. Am Freitag hatte ich beim Jauchepumpen die Kollektivierung der Landwirtschaft in Frage gestellt. Die Zerrüttung der Familienstrukturen, über Generationen Gewachsenes, die emotionale Komponente des Eigentums …

Ich weiß nicht, warum ich ausgerechnet Kurt Schulz damit gekommen war. Eine Ventilfunktion. Bar jeder Hoffnung. Sonst nichts. Heute am Silversterabend sollte dies mein Verhängnis werden. »Ich habe nochmals über die Kollektivierung nachgedacht, Sie hatten insoweit recht …«

Ich höre die Herzensfreundin husten, fürchte um den kostbaren Rest des Johnnie Walker. »Nein, nein *Sie* hatten recht, so im großen und ganzen.« An die Wand mit dir,

Verräter. Du gibst dem recht und in seiner Besoffenheit hat der deine Arschkriecherei und Lügerei gar nicht gemerkt.

Endlich nach nochmaligem, nun umso heftigerem Abschmatzen und guuuuuten Wünschen für das neue Jahr, zieht er ab, in sein beinernes Refugium. Die Herzensfreundin stolpert käsebleich aus dem Klo, der Herzensfreund kommt, wunderbar angesäuselt, aus dem Kinderzimmer. Wir sind wie aus dem Wasser gezogen und liegen uns in den Armen wie nach einem Sieg in einem Marathonlauf. Ich ärgere mich über mein Renegatentum. Trotzdem wurde es noch eine saugemütliche, kleine Silvesterfete.

Jahre sind vergangen. Ich habe Kurt Schulz aus den Augen verloren. Aus einem Grund, den ich nicht mehr zu rekonstruieren weiß, ist die Familie Schulz irgendwann ausgezogen. Andere Mieter kamen. Von Kutte, dem Dorfsheriff, hörte man ab und an. Nicht nur Gutes. Sein gesellschaftlicher Ehrgeiz hatte sich mehr und mehr auf Bravourstückchen in der »Libelle« verlagert. Mit unverändert großen Sprüchen gelang es ihm nur noch einigen verlorenen Schnapsdrosseln sozialistisches Gedankengut zu vermitteln. Das breithüftige Dorchen hatte ihn verlassen, die Orgelpfeifenkinder waren gefolgt.

Kurt Schulz hielt einsam die Stellung des tapferen Parteiarbeiters. Immer ein bißchen im Dschum, aber unschlagbar in der Argumentation. So kam es zu dem schicksalhaften Abend in der »Libelle«.

Eine politische Diskussion hatte sich zugespitzt. Es galt Staat und Sache zu verteidigen. Wer, wenn nicht Kurt Schulz, war hier gefragt. Pflichtbewußt erstürmte er die Barrikade. Alkoholisierte Rage und ein inzwischen heftig bröckelndes Selbstbewußtsein müssen die Gründe gewesen sein: Kurt Schulz zückte die Dienstwaffe! Der Saloon war wie gelähmt.

»Der hat uns bedroht!« »Wir waren in Lebensgefahr!« »Der hatte Augen wie ein Killer!«

Ein Mann hatte Rot gesehen. Nicht die Farbe des Kampfbanners. Leider.

Erwachen am nächsten Morgen. Im muffigen Schlafzimmer des Kurt Schulz. An der Wand das Foto vom Fichtelberg. Die Urkunde »dritter Platz im Luftgewehrschießen«. Kurt Schulz weiß um sein Versagen.

An der Gartentür hält eine schwarze EMW-Limousine. Zwei Herren steigen aus, suchen nach dem Klingelknopf. Kurt Schulz öffnet das Futeral, entnimmt ihm die Dienstwaffe. Schwarz glänzend, mit rotbraunem Holzgriff. Er schiebt den Lauf in den Mund und drückt ab. Ohne Zögern. Da kannte er nichts.

Die schüttere Reihe der Partei hatte sich wieder gelichtet.

Mein Gott, wo es doch um den Nachschub so schlecht bestellt war.

Gaskopp

Es war die Zeit der herrlich langen, von Leben überquellenden, sonnendurchfluteten Sommer. Der schon frostklammen, scharf nach Kartoffelkraut riechenden Herbstabende. Die Zeit der ersten Liebesbriefe, der schweißnassen Jungmännerträume, der ersten Berührungen und Begegnungen, der Klassenfeten mit Bowle und Stullen, Geknutsche im Gebüsch und »in the Middle of the island«. Die Zeit der Bill Haley, Presley, Pat Boone. Nachmittagelang dudelten sie, dank AFN, in unseren über den Krieg geretteten Goebbelsschnauzen (Vorsicht, Feind hört mit!).

Die Zeit der Ängste. Vor den Mathearbeiten. Vorm Erwischtwerden beim Weitergeben der Boells, der Becketts, der Genets. Die Zeit des Schmökerns. Dostojewski, Nietzsche, Heine, selten »Berliner Zeitung« (höchstens wegen der Zeitungsschau), ansonsten »Sport-Echo«, »Fuwo« und wer Glück hatte war Besitzer einer »Bravo«.

Die Zeit der Doppelleben.

Schamlos perfektioniert.

Unsere, meist konturenlosen, ach so folgsamen Lehrer wollten uns nicht anders.

Es gab eine Ausnahme: Lupus.

Längst pensionierter Hochschullehrer, mit bürgerlichem Namen Ernst Wolf. In den aktiven Schuldienst zurückbeordert, um die wackligen Reihen der Kleinmachnower Lehrerschar zu stärken. Was ihm eindrucksvoll gelingen sollte.

Ob beim makellosen Oberarmstand in der Turnhalle, dem schier endlosen Tacituszitat oder beim Absingen herrlich reaktionärer teutonischer Studentenhymnen, Lupus konnte alles und er durfte alles. Selbst Mauruschat, Direktor und »Verdienter Lehrer des Volkes« mit bei der Nationalen Volksarmee erworbenen humanistischem Menschenbild und Mundgeruch muckte nicht auf. Und so wagte auch niemand zu widersprechen, als Lupus den Entschluß verkündete, ein Theaterstück auf die Beine zu stellen. Nicht irgendeine Politschnurre oder Agit.-Prop., nein, der »Sommernachtstraum« von Shakespeare sollte es sein. Und nicht nur einige Szenen, nein, das ganze Stück mit Pyramus und Thispe, mit Wald und Mond, Elfen und Esel, mit allem Drum und Dran.

Sprachs, und begann unverzüglich mit den Proben.

Wir fanden's herrlich und stürzten uns mit Feuereifer in das Unternehmen. Es ging drunter und rüber. Die ersten Mädels sprangen ab, fest kalkulierten Erfolg hatten sie sich leichter vorgestellt. Bachmann, der Weiberhengst (Eltern stinkreich, er kam schon mit eigenem »Käfer« in die Schule), schenkte Winne Morgenstern 20 Westmark, damit er ihm die Rolle des »Flaut« abnahm. Prompt rauschte Mutter Morgenstern (Dozentin an der Parteihochschule) beim Direktor rein und verlangte die sofortige Absetzung des »Sommernachtstraums«. Lupus ließ sich' s nicht verdrießen. Auch wenn Hermia lispelte und Egeus röhrte wie ein Bahnhofslautsprecher.

Und dann war da noch Gaskopp.

Der Stille.

Der Ungeliebte.

Klein, spillerig, mit Spinnefingern und Ballonkopf.

Man mied ihn. Die Schwächeren benutzten ihn gelegentlich, um auch mal Siegerluft zu schnuppern, die Lehrer hofierten ihn, vermochte er doch mittels Supernoten den Klassendurchschnitt anzuheben. Für die meisten war er Luft. Eben Gaskopp.

Zweimal hatte Gaskopp reüssiert. Da gab es Babsi aus der Zehnten, hübsch und knackig und zu manchen Rotohrigen freundlich. Ihr Stern ging auf, als das Gerücht kursierte, sie habe ein Bewerbungsfoto nach Hollywood geschickt, Babsi Schönfelder im Leoparden-Bikini, sonst nix. O Mann!

Und Gaskopp, der Ungeliebte, der Stille, hatte ihr ein Gedicht geschickt. Im feinsten Hexameter, in Schwabacher Schrift, auf Westpapier. Babsi, das Aas, hat es allen gezeigt und die Meute hat gegrölt.

Das zweite Mal kam Gaskopp in die Schlagzeilen, als das Hakenkreuz da war. Ganz plötzlich. An der Schultafel. Nach der großen Pause. Die Stimmung war dramatisch, die Lehrer gaben sich besorgt, eine Katastrophe stand ins Haus. Eine Schulstunde war Bedenkzeit. Wer's dann zugab, kam mit mittelschwerem Tadel davon, ansonsten rigoroser Schulausschluß. Gaskopp meldete sich.

Die durch ihn einkalkulierte »Arthur Becker Medaille« und seine überdurchschnittliche Intelligenz bewahrten ihn vor rigiden Pädagogenmaßnahmen. Doch die erhoffte Bewunderung seitens der Mitschüler blieb aus. Er wurde uns nur unheimlicher.

Nun wollte Gaskopp Theater spielen. Sein ewiger Kampf um Akzeptanz. Welche Rolle er spielte? Keine. Er mußte machen, was keiner machen wollte, den Souffleur. Wenn nichts mehr gehen wollte, hatte man von stundan einen Sündenblock. Gaskopp zu beschimpfen blieb so herrlich folgenlos und verhalf zu immer höheren Sprossen auf den überall aufgestellten Karriereleitern.

Bei meinem effektvollen Hechtrollenauftritt als Puck wußte sich es immer raffiniert einzurichten, daß die gewaltige märkische Sandwolke (wir spielten in der Kiefernschonung hinterm Schulhaus, bei Regen in der Turnhalle) voll den in einer Grube hockenden Souffleur traf, der dann mindestens einen Akt lang seine Textseiten sortieren mußte. Den textschwachen Barden reichlich Anlaß gebend, sich beim Regisseur zu beschweren, hatten sie doch ihren Souffleur wieder einmal als hilflose Person vorgefunden.

Premiere.

Ein Vollmond hing programmgemäß buttergelb am sternenübersähten Himmel. Das Urgestein »Smaragd« ließ den Mendelsohn erschmettern. Chemielehrerin Frau Gertrude Ackermann hatte ein kompliziert ausgetüfteltes Feuerwerk beigesteuert. Die Stahnsdorfer Feuerwehr lieferte mit einer effektvollen Tatütata-Übungsfahrt ein Kontrastprogramm. Als sich die Staubwolken verzogen hatten, konnte ich endlich meinen Schlußtext schmettern:

»Wenn wir Schatten Euch beleidigt
O, wohl kaum verteidigt sind wir dann,
Ihr alle hier, habet nur geschlummert hier
und geschaut in Nachtgesichte
Eures eignen Hirnes Dichte …
Wollt ihr diesen Kindertand,
der wie leere Träume schwand,
liebe Herrn nicht gar verschmähn,
sollt ihr bald was Bessres sehn ...«

Stille.

Großer Applaus der stolzen Elternschar. Glückliche Mimen.

Und Gaskopp? Er konnte sich nicht verbeugen. Er war eingebuddelt. Wie in einem Grab.

Zeit ist vergangen. Das Abitur ist längst vergessen, Schule passé. Wir sind unserer Wege gegangen. Lupus ist lange tot.

Uns trifft ein Hammerschlag. Eine Mauer steht um Berlin. Eben noch Nähe, plötzlich unerreichbare Ferne.

Wir suchen uns wieder, treffen uns in versteckten Höhlen und heulen. Heulen um unser Jungsein, um unsere Mädels, die irgendwo, lächerliche Kilometer entfernt, nun plötzlich auf weit entfernten Kontinenten zu leben scheinen. Scheiß! Für Kontinente gibt es Schiffe, Flugzeuge! Zehlendorf ist plötzlich Milchstraße, Charlottenburg Merkurjupitermars.

Wir treffen uns jetzt oft. Man braucht sich wieder. Aber wir sind ohne Hoffnung. Wie weiter?

Ein Silberstreif. Hoffnung! Eine Parole kommt auf, sie windet sich durch Gärten, Häuser, zischelt um Straßenecken, kraxelt an Mauern hoch, stürzt sich tapfer in Hinterhöfe: Gaskopp hat einen Tunnel gegraben! Na und? So ein Quatsch! Typisch Gaskopp! Langsam, ganz langsam verdichtet sich die Fama. Leute versuchen in Grenznähe unterirdische Gänge in den Westen zu graben. Wie Maulwürfe, Wühlmäuse.

Gaskopp …

Er wohnt kurz vor Düppel.

Da ist es nur ein Steinwurf. Gaskopp hat jetzt viel Besuch. Alle geben sich die Klinke in die Hand, die Exstars der Oberschule. Die Bachmanns, die Rickis, die Mambos, die Babsis (es hatte nicht geklappt mit Hollywood) und alle, alle kamen. Nur mal so.

Wie geht's denn Gaskopp? Weist du noch, du als Souffleur …

Und so kam die Nacht. Die Nacht vom 23. zum 24. Der Boden ist vollgesaugt mit herbstschwerem Regen. Ein paar vergessene Äpfel baumeln an tropfnassen Ästen. Es ist kalt. Kurz vorm Frost. Ein dünner Mond taucht ab und an hinter den Wolken auf.

Der Keller. Die Leute stapeln sich. Es ist eng. Die Wände sind bis zur Decke hinter Bretterstümpfen, alten Türen, Bettenrudimenten mit Sand vollgestopft. Irgendwo mußte der Aushub bleiben. An der Stirnwand im schwachen Schein der Taschenlampe das Loch. Etwa 80 cm hoch und 60 cm breit. Das Loch. Auf einer Kiste, klein, spillerig, sehr konzentriert – Gaskopp. Um ihn herum zehn, fünfzehn zu allem Entschlossene. Zwei Mädchen halten sich umarmt, heulen.

Mambo sagt:

»Wollt ihr diesen Kindertand,
der wie leere Träume schwand,
liebe Herrn nicht gar veschmähn,
sollt ihr bald was Bessres sehn …«

Keiner lacht. Gaskopp: »Macht da hinten die Zigaretten aus!« Er hat eine scharfe Stimme. Man gehorcht.

»Ich gehe jetzt vor, mache drüben den Ausstieg. Von dort hab ich einen guten Überblick. Wenn alles okay ist, gebe ich Zeichen mit der Taschenlampe. Dann könnt ihr kommen. Hier im Keller kein Licht. Ist das klar!«

Übereifrige Zustimmung reihum. »Klar!« »Mach Du mal, wir warten.« »Viel Glück, Alter!«

Wie von einem Illusionisten weggezaubert verschwindet Gaskopp. Stille. Irgendwo tropft ein undichtes Rohr in eine Schüssel. Keiner wagt zu atmen. Alle starren mit weit aufgerissenen Augen auf das Loch.

War da ein Licht? Wieviel Zeit ist vergangen? Minuten? Stunden? Ewigkeiten? Was macht der Idiot! Wir wollen uns doch nichts vormachen, er war immer ein Versager …

Da war ein Licht? Du siehst Gespenster! Nichts tut sich. Der hat durchgedreht, kein Verlaß, wir gehen jetzt einfach los, sitzen hier wie die Karnickel …

Türen und Fenster fliegen auf, gleißende Scheinwerfer.

»Keine Bewegung, Sie sind umstellt, Sie haben keine Chance!« Ein Grenzoffizier springt in den Keller, mustert die gelähmte Schar. »Meine Damen und Herren, Sie sind verhaftet, versuchte Republikflucht, das wird teuer!«

Triumphierend blickt er in die Runde. »Zum Glück gibt es klassenbewußte Jugendfreunde in ihren Reihen, die wissen, wie man zu seinem Staat zu stehen hat. Wolfgang Becker, Herr Becker, kommen Sie bitte.«

Ein suchender Blick ins Loch. »Herr Becker, kommen Sie zurück, die Aktion ist beendet!« Nichts rührt sich. Der Offizier ist irritiert, macht einen unentschlossenen Schritt zum Loch, verharrt. Dann hat er sich wieder unter Kontrolle. »Alle abführen!«

Gaskopp hatte seinen großen Abgang.

Er hat sie alle geschafft.

Der Pole, der Mond und das Schluchzen

Schüsse oder der Pfiff.
Der Himmel über mir ist so nah. Der Mond grell. Sterne über Sterne. Die Wissenschaft sagt, das menschliche Auge vermag sechstausend Sterne wahrzunehmen. Sind es nicht hunderttausend? »Weißt du, wieviel Sternlein stehen?« Es ist so hell. Meine Schritte im frostharten Schnee dröhnen – wie Schüsse. Schüsse? Schüsse oder der Pfiff.

Lieber Gott, wenn es dich gibt, hilf. Warum dauert es so lange? Eine Ewigkeit ist vergangen. Der Mond strahlt wie ein Suchscheinwerfer. Geh schneller. Hau ab!

»Jungchen, geht es dir besser?« Gesichter über mir. Fratzen, riesige Münder. Was ist los?

Ich liege auf dem Boden der Straßenbahn. Bin umgekippt. Ein paar durchfeierte Nächte, kaum Essen, die ungewohnten Saufereien waren zuviel des Guten. Ich wollte nach Hause zur Mama, ein bißchen Auftanken. Ein paar frische Hemden. Ich rappel mich auf. Ein Mann ist bei mir, klein, untersetzt mit Bürstenhaarschnitt, er streichelt mich. »Danke, es geht schon, ich bin gleich zu Hause.«

Endhaltestelle der 96. Eigentlich ist hier nicht das Ende. Wenn du aussteigst, einen Schlagbaum passierst, den Ausweis vorzeigst, kannst du auf der anderen Seite mit dem gleichen Fahrschein nach Tempelhof weiterfahren. Ich will nicht nach Tempelhof. Ich will nach Hause. Ich bin müde. Meine Tasche ist so schwer.

Hinter mir Schritte. Der Mann mit dem Bürstenhaarschnitt folgt mir. »Danke, ich brauche Ihre Hilfe nicht, es geht mir gut.« Beharrlich stapft er hinter mir her. Ist der schwul? Schweigend marschieren wir. Er zwei Meter hinter mir. Ein eigenartiges Tandem. Nachbarn grüßen mich,

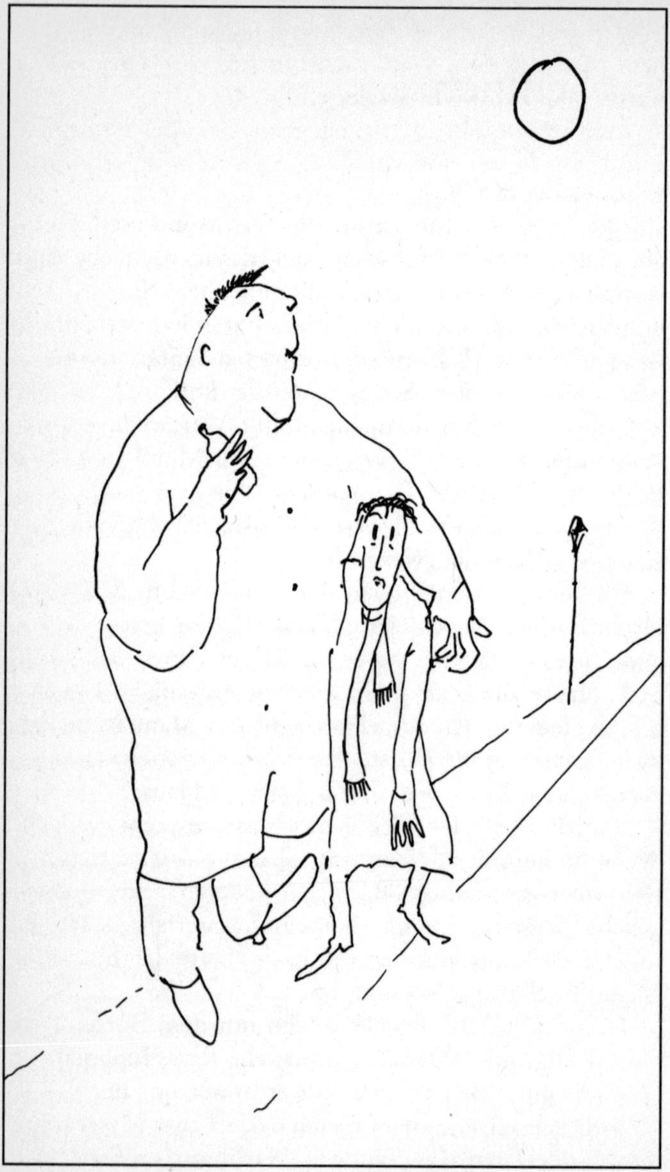

blicken uns verwundert nach. Endlich stehe ich vor meinem Haus. »Vielen Dank, ich bin jetzt zu Hause. Oben wartet meine Mutter. Wiedersehn.«

Die Gartenpforte knarrt, ich gehe zwei, drei Schritte, da sprudelt es hinter mir los: »Jungchen, hilf mir, ich bin in Angst um mein Leben, mein Frau, mein zwei Kinder!« Ein abgegriffenes Foto in der zitternden Hand, vorgestreckt wie ein Dokument, daß zum Einlaß berechtigt. Ich bin vollkommen überrumpelt. Stammle: »Komm mit.«

Wir sind in der Wohnung. Gottseidank, Mama ist nicht zu Hause. Natürlich, heute ist Kirchenchor.

»Setzen Sie sich, ich koche einen Tee.« Aus dem Tee wird nichts. Seine Hand an meinem Jackenärmel ist wie ein Schraubstock. Die Worte kollern sperrig aus ihm heraus. Konfus, sich gegenseitig überholend. Ein paar polnische Brocken in einem gepreßten Flüsterton. Der Mund, eine zu enge Gebärmutter.

Nach einer reichlichen Stunde habe ich die Geschichte beisammen. In den fünfziger Jahren Flucht aus einem politischen Straflager bei Krakow. Nächtliche Oderüberquerung mit einem Schilffloß. Auf Schleichpfaden, immer nachts, durch Ostdeutschland. Bis nach Berlin. Mit der S-Bahn über die offene Grenze in den Westen. Aufnahmelager Marienfelde. Mit dem Flugzeug nach Westdeutschland in die Freiheit. Arbeit, eine kleine Familie entsteht, Bausparvertrag, Häuschen. Das neue Leben. Zehn Jahre später mit der Bahn zur Hochzeit der Schwester nach Westberlin. Bei der Paßkontrolle an der Grenze fällt der provisorische Flüchtlingsausweis aus der Brieftasche. Abtransport nach Jena in ein Auffanglager. Panik. »Sie werden mich erschießen.« Wieder Flucht, wieder die nächtlichen Schleichpfade, er kennt sie noch. Erste Adresse, der Gemeindepfarrer in Kleinmachnow. »Fahren Sie zur Grenze nach Lichterfelde, hoffen Sie dort auf einen Fingerzeig Gottes.« Der Fingerzeig Gottes ist der kleine ausgehungerte Student, der ohnmächtig auf dem

Straßenbahnboden liegt. »Hilf mich Jungchen, Du bist mein Retter von Leben, hier mein Kinder, mein Frau!« Das Foto. Blöd starre ich auf zwei pausbackige Kugelköpfe und eine nicht sehr ansehnliche Brillenträgerin.

Was mache ich? Ich muß ihn wegschicken. Die Grenze wird streng bewacht. Patrouillen in Schneemänteln, Posten in getarnten Unterständen, doppelte Drahtzäune, dazwischen Gräben. Ich muß ihn wegschicken. Ich bin kein Held. Beihilfe zur Republikflucht wird streng bestraft, Studium im Eimer, absolut ohne Chance.

Chance? Und er? Was macht er draußen? Der dreht durch in seiner Verfassung. Rennt einfach los. Ich muß mich stellen.

»Ich schenk Dir Hemd, gutes Westhemd, Nyltest, Du mußt es nur waschen. Ich schenk Dir meine Tasche, bitte.«

»Halt die Klappe, ich muß nachdenken.« Wo haben wir eine Chance? Wie sieht die Grenze jetzt aus? Ich war lange nicht mehr da. Marienfelder Anger! Gute Idee. Gleich hinter der Grenze stehen bewohnte Häuser. Sie können nicht hinterherschießen. Wenn er die Zäune überwindet, ist er in Sicherheit.

»Wir warten bis es dunkel wird. Hier trink.« Ich geb' ihm ein winziges Schnapsfläschchen, Geburtstagsgeschenk eines Freundes, mit dem lustigen Aufkleber: Damit Du dich mal richtig vollaufen lassen kannst.

Wir warten. Ein greller Vollmond zeigt sich. Noch nie habe ich eine hellere Nacht gesehen. Meilenweite Sicht. Verdammt! Warum heute. Du Mond, du Idiot, was hast du für einen Scheißehrgeiz? Ich kann die endlosen Geschichten nicht mehr ertragen.

Ich muß raus. Was soll's. Bevor es noch heller wird. »Wir gehen!« Wir marschieren die Gerhart-Hauptmann-Straße lang. Schweigend. Der Schnee knarrt. An der Cote d'azur kann es nicht heller sein. Schlechtere Bedingungen für eine Flucht kann es nicht geben.

Der Marienfelder Anger. Jetzt haben wir noch 150 Meter bis zum Grenzzaun, der count down läuft. Der Pole muß pinkeln . Das dauert. Macht der etwa gleich noch das große Geschäft mit? Endlich kommt er angekeucht.

»Wir gehen vor bis an den Zaun, Du schmeißt deine Tasche rüber, paß auf, dahinter ist ein Graben, dann kommt noch ein Zaun. Dahinter Häuser. Versteck Dich dort. Wenn Du's geschafft hast, pfeife!«

»Du bist mein Retter von Leben, Bruder, gib mir Adresse, Kinder werden dir schicken Briefe, ich schicke Pakete ...«

»Schnauze, komm!«

Etwa 50 Meter vor dem Zaun bleibe ich stehen. Versuche zu sichern. Das hat wenig Sinn. Sie hocken in ihren Schneelöchern, lassen die Leute in Ruhe auflaufen und dann geht alles ganz schnell. »Bruder, mach's gut, da ist Dein Zaun, vergiß nicht zu pfeifen.«

Warum bleibt es so still? Was macht dieser Idiot? Ist der eingeschlafen? Irgendwas muß doch geschehen. Der Himmel. Der Mond. Der Marienfelder Anger ist kilometerlang. Lieber Gott, warum hältst du dich so raus. Schüsse oder der Pfiff. Von mir aus auch Schüsse, mir ist jetzt alles egal. Die Stille ist grausam. Ich werde singen: »Weißt du, wieviel Sternlein stehen ...« Ein Geräusch. Was ist das? Ein Fauchen, ein Schluchzen? Oder hat jemand den Rotz hochgezogen?

Lieber Gott, da es dich ja nun doch gibt, danke. Mach ein Strichlein auf meine magere Habenseite. Ich habe soeben einem Menschen geholfen. Vergiß es nicht. Wie sollen frostklamme zittrige Maurerfinger im Augenblick des höchsten Glücks einen anständigen Pfiff zustande bringen? Versuchen Sie das mal. Da kommt alles andere als ein Pfiff, höchstens eben ein Fauchen oder ein Schluchzen.

Egal. Ein Zeichen. Mond, ich liebe dich.

Einer steht abseits

September 1961. Beginn des Studienjahres in der Filmhochschule. Unser Zusammentreffen ist traurig. Fröhliche Festivitäten, erste Begegnung nach langen Ferien, Urlaubsstories, Freude aufs Arbeiten, nichts davon.

Bedeppert sitzen wir in unseren Buden und versuchen uns gegenseitig davon zu überzeugen, daß der Mauerbau nur als eine Kurzschlußreaktion eines unter Druck geratenen Systems zu werten ist. Wir versuchen, uns gegenseitig Mut zu machen.

»Vierzehn Tage höchstens, das ist schon technisch gar nicht durchzuhalten.«

»Man kann doch die Menschen nicht einfach übergehen.«

»Ein Warnschuß. Drohgebärde, in ein paar Wochen ist das vorbei.«

»Ein Spuk!«

»Die müssen doch einen Knall haben. Politischer Dilettantismus.«

»Wenn ich bisher zu der ganzen Geschichte positiv stand, spätestens jetzt sehe ich durch. Entschuldige, da muß man doch gegenhalten. Wer sind wir denn?«

»Jetzt mit gleicher Münze zurück.«

»Wenn es einige Herren primitiv haben wollen, bitteschön, das können sie haben. Mit mir nicht mehr!«

Am nächsten Morgen Vollversammlung in der Mensa. Vorn am Rednerpult der FDJ-Sekretär: »Freunde, an einem derart zugespitzten Punkt der Auseinandersetzung WER – WEN gibt es für einen sozialistischen Studenten nur eine Schlußfolgerung: Ich melde mich freiwillig zum Ehrendienst in der Nationalen Volksarmee.«

Es ist totenstill. Man hört das Kratzen der Feder des FDJ-Sekretärs, der sich als erster in die bereitliegenden Li-

sten einträgt. Wieder Stille. Dann geht einer nach vorn. Dann mehrere. Schließlich wälzt sich eine schweigende Schafherde auf den Tisch zu. Die Stimmung ist nicht gerade patriotisch, aber es wird unterschrieben.

Ich bin entsetzt. Was für eine perfide Wendung. Wir waren doch gestern Abend so großartig, so fest entschlossen, etwas zu tun. Wo waren die Verbündeten?

Ich gehe ins Internat. Ich sitze auf meinem Bett und warte. Dann trudeln sie ein. Die Patrioten.

»Was soll sein, die ziehen uns sowieso nicht. Wir müssen ja erst unser Studium beenden, bis dahin vergeht viel Zeit. Was soll man machen?« Ein Freund nimmt mich auf die Seite: »Warum hast Du nicht unterschrieben? Das bringt doch nichts, nur Schwierigkeiten. Jetzt ist Taktik gefragt.«

Ich bin verzweifelt. Und enttäuscht. Was sind wir wert? Ich tue das, was ich immer tat, wenn es mir dreckig ging, ich fahre nach Hause. Ich muß hier weg. Bis zum Beginn des Ernteeinsatzes sind drei Tage Zeit. Ich fliehe.

Drei Tage später.

Vor dem Hauptgebäude stehen die Lkws, die uns aufs Land transportieren sollen. Drei Wochen Erntehilfe. Wie jedes Jahr zu Beginn des Studienjahres. Die Stimmung ist prima. Die Gruppen werden zusammengestellt. Das Gepäck wird verstaut.

Alle freuen sich auf eine kunterbunte Zeit, fern vom Zensurenstreß, den Russischarbeiten und Pol-Ök-Prüfungen. Unser Studienjahr begrüßt sich mit Hallo.

Der FDJ-Sekretär Roland winkt mich heran. »Wie geht's, alles klar zum Sturm auf die Furche?« »Alles klar.« »Komm mal bitte.«

Wir gehen hinter einen Lastwagen. Er hat eine Zeitung in der Hand. »Lies.«

»Einer steht abseits!

Bei einem Kampfmeeting in der Filmhochschule Potsdam-Babelsberg nahmen die Studenten Stellung zu den Auguster-

eignissen in unserem Lande. Wie es sich für sozialistische Studenten gehört, reagierten sie darauf mit der einzigen, nämlich der parteilichen Schlußfolgerung der spontanen Freiwilligkeitserklärung zum Dienst in der Nationalen Volksarmee. Wir hatten nichts anderes erwartet. Wir sind stolz auf unsere jungen Künstler, denen der Staat eine einzigartige Chance zur Realisierung ihrer Berufswünsche gewährleistet. Es darf jedoch nicht unerwähnt bleiben, daß es in den Reihen der Zuverlässigen Träumer und Feiglinge gibt. Der Student Peter R. hat die Zeichen der Zeit nicht verstanden und meint durch verqueres, individualistisches Verhalten nur seinen egoistischen Subjektivismus auszuleben.

Wir appellieren an die Wachsamkeit der FDJ-Grundorganisation, hier rechtzeitig und wachsam zu reagieren. Bei Uneinsichtigkeit gegebenenfalls auch strenge Konsequenzen …«

Eine Keule hat mich getroffen. Ich bin der einzige! Roland wartet geduldig. Ich kann nicht reden. Meine Zunge ist wie ein Bimsstein. Ich lese immer wieder den Artikel.

»Was sagst Du?«

»Was soll ich sagen? Wir haben doch gelernt, Hurrapatriotismus ist schlimm, ich habe meine Überlegungen, warum bin ich dann gleich ein Feind?«

»Du mußt das nicht rumposaunen, in gewissem Sinne kann ich Dich verstehen, aber ich habe meine Anweisungen.«

Roland sieht mich nicht an. Irgendwas an seinem Schuh nimmt seine ganze Aufmerksamkeit in Anspruch. »Wenn Du nicht unterschreibst, kannst Du nicht weiter studieren.«

»Ich werde gefeuert?«

»Beschluß der Leitung. Ich soll es nur überbringen. Glaub mir, ich fühle mich beschissen.«

»Ich will Schauspieler werden und das verdammt gern.«

»Ich weiß.«

»Wieviel Zeit habe ich?«

»Man wartet auf deine Antwort.«

Ich entdecke einen weißen Fleck auf meinen Jeans. Ist das Wandfarbe? Oder etwa Öl? Ich versuche ihn wegzukriegen, reibe wie ein Wahnsinniger. Versuche es mit Spucke. Es geht nicht. Versuche es noch mal mit dem Fingernagel. Akkribisch. Es gelingt nicht.

»Ich unterschreibe.«

Schnell ist das vorbereitete Formular zur Hand. Auf der Stoßstange des Erntewagens krakle ich meinen Namen auf das Formular. »Du hast richtig entschieden, trotzdem, Du brauchst es ja nicht rumzuposaunen, meinen Respekt! Viel Spaß in der Furche.« Weg war er. Wie im Traum stieg ich auf das Fahrzeug, irgendwann waren wir in unserem Dörfchen, bezogen die Quartiere.

Am ersten Arbeitstag auf dem Feld kamen sie gekrochen, die Freunde, auch Feinde, sogar ein Dozent: »Kompliment, Du hast Mut!«

»Idiot! Mut für drei Tage. Das ist die Faust in der Hosentasche. Scheiße!«

Der Kanal

Teltow, 29. August 1961.
Ein warmer ruhiger Sommertag. Am Ufer des Teltowkanals, in Höhe der Brücke, arbeitet ein ziviler Bautrupp an Grenzbefestigungsanlagen. Plötzlich löst sich ein junger Mann aus der Gruppe, rennt zum Ufer und stürzt ins Wasser. Er schwimmt in Richtung westliches Ufer. In den Büschen versteckte Angehörige der Kampfgruppen, zumeist aus den umliegenden Betrieben. Sie reagieren zunächst wie gelähmt. Ihre Schützenauszeichnungen haben sie für Zielscheibenschießen bekommen. Plötzlich geht es um ein Menschenleben.

Auf der Zehlendorfer Brücke bringen sich sowjetische Soldaten in Stellung. Deutlich ist das Spannen der Maschinenpistolen zu hören. Eine kritische Situation. Während die meisten Kampfgruppenleute zögern, fängt einer an zu schießen. Er trifft nicht, schießt wie verrückt. Das Wasser spritzt auf, der Schwimmer kämpft einen verzweifelten Kampf. Er erreicht die Mitte des Kanals, die Schüsse peitschen unvermindert. Der Schwimmer reißt die Arme hoch, versinkt. Stille.

Ein junger Mann aus dem Bautrupp schreit: »Müssen wir denn auf Deutsche schießen?« Herbeigeeilte Volkspolizisten werfen ihn zu Boden, führen ihn ab. Die Reaktionen bei den Angehörigen der Kampfgruppe sind unterschiedlich. Bei einigen unverholener Triumph, bei vielen Betroffenheit. Nach wenigen Minuten vom westlichen Ufer: »Ich hatt' einen Kameraden«. Aus einem bereitstehenden Lautsprecher. Warum steht der eigentlich da? Und genau an dieser Stelle?

Schlauchboote werden ausgesetzt. Hüben wie drüben. Beim Suchen nach der Leiche berühren sie sich fast. Die Suche bleibt erfolglos.

TK
Zo
X
P1
AB
Sp3
Sp2
Sp1
ZD
CH
ZD
B
TK

Am nächsten Tag wird der Todesschütze vor versammelter Belegschaft mit einem hohen Orden ausgezeichnet. Eisiges Schweigen. Der Schütze wurde seitdem nie wieder gesehen.

Westberliner BZ vom 31. August 1961: Neben dem unscharfen Foto eines Mannes in zentimetergroßen Lettern: *»Mord! 10 000 DM Belohnung.*

Gesucht wird dieser Mann. Wegen Mordes an einem wehrlosen Flüchtling in Berlin wird folgende männliche Person gesucht.

Name: noch unbekannt

Figur: kräftig untersetzt

Gesicht: rundlich, brutaler Mund, auffallend große Ohren.

Der Täter war zur Tatzeit wie folgt bekleidet: Uniform der Betriebskampfgruppe der SED. Die Uniform besteht aus einer weiten Überfallhose, einem langen Rock und einer Skimütze.

Farbe der Uniform: grün-grau.

Der Täter trug zur Tatzeit einen Koppel. Er hatte die oberen Jackenknöpfe geöffnet und die Ärmel hoch gekrempelt.

Achtung: Der Täter ist mit einem Karabiner bewaffnet. Er macht von der Schußwaffe rücksichtslos gebrauch.

1. Wer kennt den Namen des Täters?

2. Wo wohnt er?«

Dieses Fahndungsblatt wird überall an der Grenze weithin sichtbar aufgestellt.

Rein zufällig war zur Tatzeit ein BZ-Fotograf am Ufer postiert, der in diesen wenigen Sekunden den Schützen mittels Teleobjektiv fotografieren konnte?

Rein zufällig war ein BZ-Journalist am Tatort, der die geöffneten Knöpfe der Uniformjacke erkennen konnte?

Ostberliner »Junge Welt« vom 31. August 1961: »Wer einen Republikflüchtigen getötet hat, tat es im Bewußtsein der hohen Verantwortung für den Frieden.«

Turnhose und Brille sind mitzubringen

Spitzendeckchen mit oder ohne?
Manchmal versuchte ich diesen Moment hinauszuzögern. Eine Stunde später – eine Stunde gewonnene Freiheit. Es geriet förmlich zum Ritual: Die etwas schwergängige Messingklinke herunterdrücken. Die hohe Altbauzimmertür vorsichtig öffnen. Zehn Zentimeter. Warmer Altfrauengeruch. Eine Gasuhr wispert. Der Raum hinter der Tür ist dunkel. Nur neu ein schmaler Lichtstreifen von meiner geöffneten Tür. Je weiter ich sie öffne, desto breiter wird er. Langsam bewege ich die Tür. Wie in einem Scheinwerferstrahl erkenne ich: Den Schirmständer, ein Paar ausgelatschte Hausschuhe (aha, meine Wirtin ist ausgegangen), einen Katzennapf mit einem vertrockneten Milchrest und Zwieback, den Beginn eines hängenden Kleidungsstücks, ein loses Kabelende (Telefonleitung aus glücklicheren Tagen), eine Art Nachttisch, das Spitzendeckchen und … nichts drauf.

Ein Tag der Freiheit lag vor mir.

Ich muß etwas erklären.

Meine Staatsführung wünschte, frei nach der Devise, je kleiner der König, desto größer das Pferd, eine große Armee. Da sich der Ansturm der Freiwilligen auf die Wehrkreiskommandos, vornehm gesagt, in Grenzen hielt, wurde die allgemeine Wehrpflicht eingeführt. Jeder wehrfähige Mann hatte anderthalb Jahre seines Lebens einen »Ehrendienst« in der Nationalen Volksarmee abzuleisten.

Ich gestattete mir, den Begriff »wehrfähig« auf meine Art auszulegen.

Keineswegs war ich ein idealistischer Schöngeist, schon gar nicht der verbiesterte Pazifist. Es war mir schade um die

Zeit. Mein Studium hatte ich glücklich beendet. Ich befand mich in meinem ersten Theaterengagement und war geradezu besessen von meiner Mission. Jeder Tag, den ich mir ihr nicht widmete, schien mir ein verlorener. Mit Zähnen und Klauen wollte ich mich wehren. Im Frühjahr wurden die bösen Karten verschickt. Einberufungsüberprüfung.

Neben allerlei Chiffren, die Unverwechselbarkeit garantieren sollten, gab es verschiedene Begründungen. Eine davon bedeutete das Aus: Turnhose und Brille sind mitzubringen. Befand sich hinter dieser Zeile ein Kreuz, war der Urteilsspruch so gut wie gesprochen.

Der Termin lediglich Formsache.

Der Angeschriebene war »dran«.

Alle folgenden Ereignisse würden sich jeglicher Eigeninitiative entziehen, die Summe für den Kauf neuer Wildlederschuhe getrost dem Sparkonto anvertraut werden können.

Der Frühling wurde zum Alptraum. Flieder und Jasmin passé. Jeden Morgen das rencontre mit dem Spitzendeckchen.

Angefangen hatte meine Leidensgeschichte mit der Musterung. Der Versuch, meine Qualen bei dieser Prozedur zu überspielen, kann nicht sehr erfolgreich ausgefallen sein, höre ich doch heute noch das heisere Flüstern meines Nebenmannes am Ohr: »Kaffeebohnen mußt Du schlucken, kommt beim Röntgen klar wie Magengeschwüre.«

Höhepunkt war der Auftritt im Raum der Mütterberatung. Auf dem hinter verwinkelten Gängen befindlichen Klo sollten Urinproben erstellt werden. Irgendwie zweckentfremdet wirkende Sektkelche waren uns mit der Bemerkung überreicht worden: »Schön voll machen.« Meine seelische Verfassung hatte sich sämtlicher Körperfunktionen bemächtigt. Nichts ging mehr. Die schließlich im wahrsten Sinne des Wortes abgerungene Flüssigkeitsmenge bedeckte in dem geräumig ausgelegten Sektkelch gerade den untersten Teil des Bodens. Eine Fingerhutmenge. Meine Mitkandidaten hatten dagegen reichlich eingeschenkt. Der Weg zu den Untersuchungsräumen führte durch den Warteraum der Mütterberatung. Dort empfing uns ein halbes Dutzend munterer junger Frauen. Sie amüsierten sich köstlich über den Auftritt der seltsamen Partygäste. Unser Defilee muß jämmerlich gewesen sein. Meine dürftige Flüssigkeitsmenge trieb mir zusätzlich Schamröte ins Gesicht.

Spielte zum damaligen Zeitpunkt der Vollstreckungstermin noch eine theoretische Rolle, mußte ich jetzt jeden Tag mit ihm rechnen. Wie so oft kam alles anders.

Das allmorgendliche Roulette war glücklich verlaufen. Das Spitzendeckchen hatte jungfräulich gestrahlt. Da das Wochenende ins Haus stand, sprich keine Postzustellung erfolgte, lagen zwei ungefährdete Frühlingstage vor mir. Beschwingten Schrittes durchquerte ich den Park, atmete tief den Duft des vom Regen durchtränkten Rasens, die ersten Krokusse zeigten zaghaft ihre Spitzen. Energiegeladen betrat ich das Theater.

Da traf mich die Keule! Auf dem winzigen Zettel stand: *»Anruf vom Wehrkreiskommando: Montag 10 Uhr Termin. Auf jeden Fall wahrnehmen.«* Schlagartig wurde mir die Situation klar. Da die Mitteilung über das Theater gegangen war, hatte man alles ausgeheckt. Mein Versuch wehrhaft zu sein, würde nichts mehr nützen.

Daß die Atmosphäre in einem Wehrkreiskommando nicht gerade als anheimelnd empfunden wird, kann niemanden überraschen. Ersparen wir uns deshalb eine Beschreibung und kommen wir gleich zur Sache. Hüben: Schmaler, bis in die Haarwurzeln käseweißer, unvollständige Sätze stotternder Probant; drüben: (hinter tresorhaft wirkendem Schreibtisch verschanzt) bulliger Endfünfziger in betreßter Uniform, ausgestattet mit einem diktionsbedingt lanzenhaft nach vorn schließenden Kugelschreiber

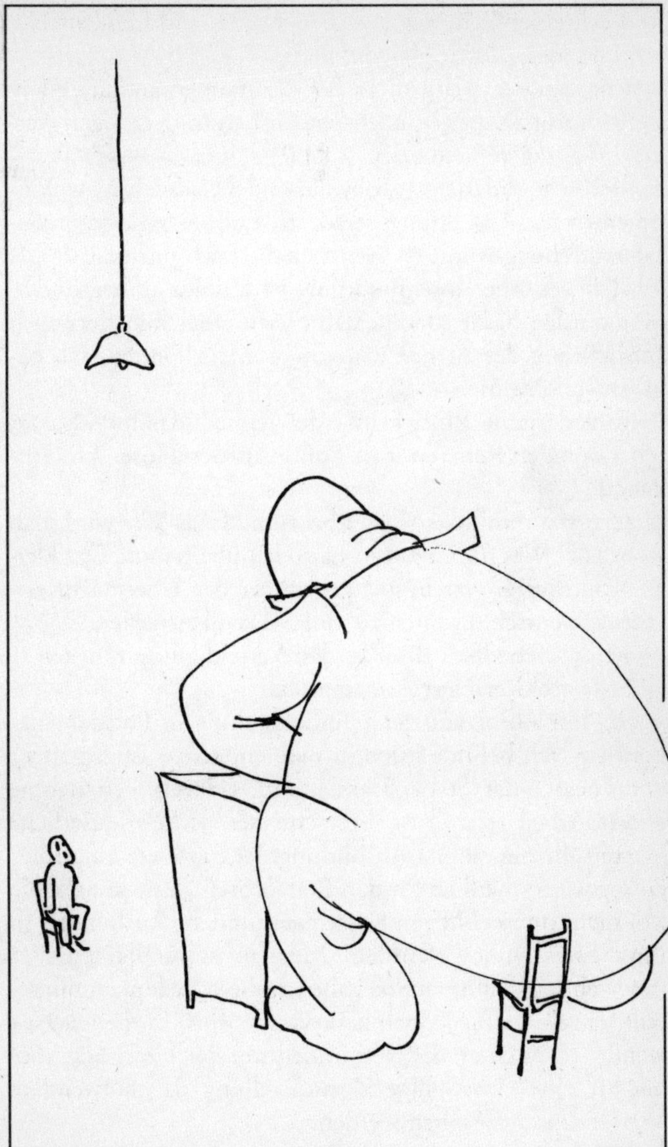

und ausschließlich Negativassoziationen auslösendem Namen: Harzer. Major Harzer.

»Sie werden, wenn nicht bei der momentan laufenden, so doch mit Sicherheit nächsten Einberufung gezogen werden. Was sagen Sie dazu?«

»Ich-sehe-durchaus ... obwohl-andere-ja-auch ... wohingegen-meine-Ausbildung-gerade-zu-Ende ... eine-so-große-Unterbrechung-würde ... verstehen-Sie-mich-nicht-falsch ...«

»Ich verstehe. Ihre Besorgnis ist absolut unbegründet. Wir werden dafür sorgen, daß Sie in einer künstlerischen Einrichtung der Armee wirksam werden können. Ich beglückwünsche Sie.«

Künstlerische Einrichtung der Armee, das hieß Soldatenchor oder Kabarett mit Sonne in der Hose. Ein Abgrund!

Jetzt stand mir das Wasser bis zum Halse. Wie wird man wehrhaft? Was für Chancen hatte ich überhaupt? Das kleine Stadttheater war hilflos gegenüber der Übermacht Armee. Ich entschloß mich zu einer »David-Attacke«.

Ich schrieb einen Brief an den Verteidigungsminister.

Sehr geehrter Herr Armeegeneral,

ich bin Absolvent der Filmhochschule in Potsdam-Babelsberg. Ich befinde mich in meinem ersten Engagement am Theater der Stadt Brandenburg (Havel). Ich nehme meine Arbeit sehr ernst, betrachte sie als kontinuierliche Weiterführung meiner Ausbildung. Jede größere Unterbrechung wäre schädlich für den Reifeprozeß, ja sie könnte die mit nicht unerheblichen Kosten verbundene Ausbildung in ihrer Effektivität gefährden. Meinem zuständigen Leiter des Wehrkreiskommandos habe ich diese Bedenken mitgeteilt, er zeigt dafür jedoch kein Verständnis. In meiner Not wende ich mich an Sie, verbunden mit der Hoffnung, daß Sie für eine einstweilige Zurückstellung das notwendige Verständnis aufbringen werden.

Hochachtungsvoll

Das Ritual erfuhr einschneidende Veränderungen. Gar nicht früh genug konnte ich die Tür aufreißen. Sperrangelweit. Der Korridor erschien mir stockdunkel, ich mußte das Licht anknipsen. Manchmal schaute ich unter das Spitzendecken, unter das Tischchen, fragte sicherheitshalber bei der Wirtin nach.

Das Warten wurde belohnt. Eines Tages lag er da.

Mit den allgemein üblichen Briefformaten hatte er nichts gemein. Sehr breit. Sehr weiß. Sehr stabil. Ein Briefkopf wie der Glockenschlag im Ulmer Münster.

»Sehr geehrter Herr R., ich habe Ihr Schreiben mit Interesse gelesen. Zur Abkürzung des Verfahrens wurde es dem für Sie zuständigen Wehrkreiskommando zugeleitet.

Mit sozialistischem Gruß

H. Hoffmann, Armeegeneral«

Danke Genosse General! Außerordentlich sensibel. Jetzt konnte er beginnen. Der Tanz der Vampire.

Ich bin sicher, man hätte das Gras wachsen hören können. Wenn welches im Zimmer gewesen wäre. So blieb es bei einem zarten KLICK. Ein Orden des Majors hatte sich verschoben. Wir blickten uns schweigend an. Die Stirnader des Majors zeigte eine unnatürliche Schwellung. Seine Gesichtsfarbe erinnerte mich an die Äpfel meines Lieblingsbaumes in unserem Garten. Wenn er in Blüte stand, hängte ich eine Hängematte in seine Zweige, ich konnte dort herrlich träumen und …

»Anscheißen!«

Als Kind hatte ich mal eine Thermosflasche fallen lassen, es gab ein überraschendes Geräusch. Dumpf. Aber gefährlich.

»Ich werde die in Ihrer Beschwerde geäußerten Bedenken prüfen. Gründlich. Darauf können Sie sich verlassen!« Ich hörte das Geräusch eines Fallbeils. Mein Abschiedsgruß geriet unverständlich. Irgend etwas wehrte sich in mir gegen ein Auf Wiedersehn. Ich konnte aber auch nicht gut Servus sagen.

Eine seltsame Phase folgte in unserer Beziehung. Zu meinem Glück gab es zunächst keine weiteren Begegnungen, den Anlaß unserer Verknüpfung betreffend. Trotzdem kam es zu keiner Zäsur. Der Major tauchte im Theater auf. Natürlich nicht im Zuschauerraum. Natürlich in der Gaststätte. Allein an einem Tisch in der Ecke, vor sich das immer wieder neu gefüllte Kognakglas. Heute bin ich sicher, daß zu viel Dostojewski der Grund für meinen Verfolgungswahn war. Heute sehe ich den einsamen alten Säufer, der sich im Theater ein bißchen Abwechslung erhoffte. Vielleicht hatte er erst durch meine Geschichte erfahren, daß es in Brandenburg ein Theater gab.

Zwischen uns gab es keinen Kontakt. Wir begrüßten uns nicht. Nahmen uns scheinbar nicht wahr. Nur ein einziges Mal kam es zu einem Zusammentreffen. Auf dem Klo. Ich hatte ihn nicht reingehen sehen. Er war ganz plötzlich da. Ich sah in sein Gesicht. Ein einziger Truppenübungsplatz. Aber irgendwie wirkte es traurig. Er schwieg. Eins mußte der Neid ihm lassen, im Pausensetzen war er Profi.

Dann kam's. Alkoholumnebelt aber glasklar. »Dich zieh ich!« Er sagte das wie eine Überschrift. So als folge ein Gedicht. Was folgte war kein Gedicht, sondern ein zur Besorgnis anlaßgebender Hustenanfall. Man konnte ihm nicht einfach helfen. Es sei denn, man reichte einen Antrag ein. Das war unsere letzte Begegnung. Mehr durch einen Zufall bin ich ihm doch noch von der Schippe gesprungen. Ein Engagementswechsel entzog mich seinem Zugriff. Da ich in den folgenden Jahren häufig meinen Wohnsitz wechselte, war ich der bleifüssigen Bürokratie immer ein Schrittchen voraus und bin heute immer noch ein munterer Zivilist. Von Major Harzer habe ich nie wieder etwas gehört. Vielleicht hat ihn bei der Nachricht von meiner »Flucht« der Schlag getroffen.

Oder er harkt heute seine Gemüsebeete.

Ich wünsche ihm letzteres.

Der Pfau-Mann sitzt auf dem Sofa und schwitzt

Schon wie er klingelte, schien von Energie zu künden. Er war mittelgroß, neigte zur Fülle, einen Hals gab es nicht. Trotzdem war es ihm gelungen, zwischen Kinn und Brust einen Schlips zu plazieren. Sein Anzug wirkte zu eng, die Hosenbeine um Daumesbreite zu kurz. Das Gesicht, nicht zufällig erfolgt seine Erwähnung so spät, war so farblos, daß man es bereits im Moment des Entdeckens vergessen hatte. Zielstrebig, vielleicht eine Spur hektisch, durcheilte er den Korridor, betrat nach unserer zaghaften Einladungsgeste das Wohnzimmer. Für uns nicht erklärbare Gesichtspunkte in Erwägung ziehend, entschied er sich nach abgzirkelter Denkpause für das Sofa an der Wand. Behutsam stellte er seinen schwarzen Lederkoffer neben sich.

Seit Wochen malträtierte uns ein Telefon-Strolch. Betroffen war meine Frau. Ich war viel unterwegs, diese Gelegenheit nutzte er aus. In Kenntnis meiner Termine meldete er sich nur, wenn meine Frau allein war. Anfangs behandelte sie diese Anrufe als Ulk, meinte noch das Opfer eines rabiaten Scherzboldes aus dem Bekanntenkreis zu sein. Schließlich nahmen die Obszönitäten Ausmaße an, denen sie nicht mehr gewachsen war. Häufigkeit und Charakter steigerten sich, erreichten Dimensionen von Psychoterror. Wir mußten etwas unternehmen.

Meine Frau spielte die Hauptrolle in einer Krimi-Serie. Üblich ist es, daß bei Filmen dieser Art Experten der Polizei zurate gezogen werden. Sie gehören zum Filmstab, stehen für die Dauer der Dreharbeiten zur Verfügung. Diesem in langen Dienstjahren ergrauten Mann vertrauten wir uns an. Er war ein netter Kerl. Das ewige Auskunftgeben hatte ihn geprägt. Da er Bartträger war, hatte man in seinem Beisein ständig das Gefühl, einer Weihnachtsfeier beizuwohnen. Er versprach Hilfe. Diese Hilfe saß nun auf unserem Sofa.

Die Standardfrage »Tee oder Kaffee?« beantwortete er knapp mit: »Tee.« »Und viel Zucker, das ist gut für die Nerven. Die braucht unsereiner.« Mein Eindruck, daß er Neugier auf seine Arbeit provozieren wollte, schien nicht getäuscht zu haben. Sein Redefluß war kaum zu bremsen. Jedoch stets kontrolliert. Der naheliegende Schluß, einer Plaudertasche gegenüberzusitzen, wurde von ihm korrigiert. Mit Bemerkungen wie: gewisse Gründe zwingen mich, eine Beantwortung zu verweigern. Oder: Bitte haben Sie Verständnis, die Art meiner Arbeit erfordert strikte Geheimhaltung. Was den Kontrollposten seiner intellektuellen Zensur passiert hatte, reichte immer noch aus, unser ergriffenes Lauschen zu belohnen. Er berichtete von komplizierten technischen Vorrichtungen, die das Mithören von Gesprächen aus kilometerweiter Entfernung ermöglichten. Von der Arbeit mit Mikro-Mikrophonen, dem Einsatz notizbuchgroßer japanischer Tonbandgeräte.

Mehr und mehr geriet er in Feuer. Sein Verhältnis zum Schweige-Gelöbnis schien ein labiles zu sein. Meine Frau hatte die dritte Kanne Tee serviert. Unser Mann legte sein Jackett ab, lockerte die Krawatte und wischte sich den Schweiß ab. Er begann sich heimisch zu fühlen. Seine Sitzhaltung auf dem Sofa war entspannt, der Redefluß perlte ununterbrochen. Immer wieder griff er liebevoll nach seiner schwarzen Tasche, rückte sie näher zu sich heran. Das war zum Reflex geworden. Sie erinnerte mich an eine Briefträgertasche. Ziemlich geräumig, grob genäht, eine Spezialanfertigung.

Der Nachmittag schickte sich an, zur Neige zu gehen. Wir begannen unruhig zu werden. Ganz im Gegensatz zu unserem Gesprächspartner. Behutsam setzte er die Teetasse ab, senkte die Stimme auf ein konspiratives Raunen: »Na gut, obwohl die Geschichte Geheimhaltung unterliegt, werde ich eine Ausnahme machen. Ich entwickelte seinerzeit eine technische Vorrichtung, die es möglich machte ...«

»Entschuldigen Sie, wenn ich unterbreche, wir kommen zeitlich in Bedrängnis. Wenn Sie dann vielleicht mal ...« Er schien nicht ganz zu verstehen. Seine ihm eigene Höflichkeit verbot ihm jedoch, barsch zu reagieren. Statt dessen machte er eine Pause. Diese Zeit schien er zu brauchen, um die erlittene Kränkung zu verarbeiten. Dann war er wieder voll da.

»Wie meinen Sie?«

»Ich dachte, daß Sie sich mal das Telefon ...«

»Ach so.«

Wir hatten es an diesem Tage schon mehrmals gehört. Dieses kleine »Ach so«. Die Absicht eines intellektuell angespannt lebenden Menschen, sich mit einem gewissen Widerwillen banalen Alltäglichkeiten zu widmen.

»Ach so.« Feierlich griff er in die Brusttasche seines zartrosa gestreiften Hemdes und hielt uns ein graues röhrenförmiges Gebilde von der Größe einer Zwirnrolle vor die Nase. Beiläufig sagte er: »Das is es.« Erhob sich. »Wo ist das Telefon?«

»Vor Ihnen.«

»Ach ja, manchmal sieht man den Baum vor lauter Wäldern nicht. Kleiner Scherz.«

Schnaufend begab er sich in die Hocke und begutachtete unser 08-15 Telefon. Die Zwirnrolle hielt er bedeutsam in die Höhe. Wie ein Kampfrichter beim Eiskunstlauf.

Wir wagten nicht zu atmen. Im Zimmer roch es nach Schweiß. Vor den Fenstern begann es Abend zu werden. Der Mann machte leise: Tida Tida Tida und schob den Unterkiefer nach vorn.

Dann kam es wieder: »Ach so. Haben Sie ein Tonbandgerät?« Glücklicherweise hatte ich eins. Es war nicht einfach, die verschlungenen Kabel zu entwirren und das Gerät

freizubekommen. Es war in einem Phono-Schrank eingebaut. »Ich brauche unbespieltes Band!« Seine Anweisungen waren kurz, mit einem gewissen Nachdruck, eben professionell.

»Ich habe kein neues. Aber ein gelöschtes, erfüllt doch den gleichen Zweck.« Ich hätte mich auf die Zunge beißen können. Aber der Satz war raus. Zu meiner Erleichterung lag in seinem langen Blick Milde, das ließ uns eine kritische Phase unserer Zusammenarbeit glimpflich überstehen. »Es bleibt mir ja nichts anderes übrig.«

Ich schleppte das bleischwere KB 100 zum Telefon. Meine Frau räumte Blumenvase, Telefonbücher, Notizblöcke, allerlei Zettelkram beiseite. »Eine Verlängerungsschnur!« Die knappe Anweisung des Chefarztes an die OP-Schwester. Ich raste in die Küche. Richtig, an der Kaffeemaschine war eine. Unser Haushalt wurde auf eine harte Probe gestellt.

Bei meinem Versuch, das Tonbandgerät anzuschließen, unterbrach mich unser Mann. Höflich, aber bestimmt, nahm er mir das Kabel aus der Hand und stellte den Kontakt eigenhändig her. »Bitte das Tonband auflegen!« Ein hundertmal praktizierter Vorgang machte mir Mühe. Warum zitterten meine Hände? Das Gerät war betriebsbereit.

»Ich werde die Bandqualität prüfen. Bitte einschalten!« Das Band lief. Man hörte nichts. Wie bei einem gelöschten Band allgemein üblich.

»Man hört nichts.« In meiner Stimme leiser Triumph.

»Nichts ist nicht gleich nichts.« Damit senkte er sein Ohr dicht an den Lautsprecher. Es rauschte gleichmäßig. Unserem Mann schien für diesen Prüfvorgang ein gewisses Zeitlimit vorgegeben zu sein. Etwa eine halbe Minute verbrachte er in angestrengt gebückter Haltung vor dem Gerät. »Machbar.« Damit richtete er sich auf und machte eine Lockerungsübung für die Nackenmuskulatur. »Auf Anfang!«

Gehorsam spulte ich das Band zurück.

»Einen Schraubenzieher. Nicht zu groß!« Ich brachte das Gewünschte.

Er löste die Schrauben am Boden des Telefonapparates und nahm das Gehäuse ab. Es folgte die unnachahmliche Kampfrichtergeste mit der Zwirnrolle, dann eine Zäsur. Mit seinem verschwitzten Rücken verdeckte er das Gerät. Letzter kontrollierender Seitenblick, die folgende Manipulation mußte für uns nicht sichtbar vorgenommen werden.

Nach einer Pause der Entspannung, an einen Sänger nach der großen Arie erinnernd, verkündete er mit Ruhe: »Wir beginnen.« Nach erneutem Tarnungsmanöver wählte er eine Nummer.

Eine quakende Stimme am anderen Ende der Leitung. »Ja?«

»Hier Echo. Hinterlegte Telefonnummer anwählen!«

»Verstanden. Ende.«

Unser Mann legte auf und sah uns an. Ganz konzentriert. Keine Spur von Nervosität. Ein gut geschmiertes Zahnrad in einem komplizierten Getriebe.

»Wenn der Apparat klingelt, hebe ich ab und spreche. Auf mein Handzeichen setzen Sie das Tonband in Gang. Bitte, es ist wichtig, erst auf mein Zeichen. Ich mache so!« Er machte eine Geste mit der rechten Hand, als schlitze er einem hängenden Schwein den Bauch auf.

»Verstanden.« Ich bemühte mich, meine Diktion der seinen anzupassen.

Das Telefon klingelte. Meine Hände begannen wieder zu zittern. Ich schwitzte.

Unser Mann nahm den Hörer ab, hielt mich mit seinem Blick in einer eisernen Zange. »Hier Echo, wir beginnen.« Dem Schwein wurde der Bauch aufgeschlitzt. Ich drückte die Taste. Perfekt.

»ABCDEFG.« »1234567.« »ABCDEFG.« »1234567.« »Ende. Echo geht raus.«

Er legte den Hörer auf.

Die Schweinegeste.

Sehr übertrieben.

Ich stoppte das Band.

Unser Mann trocknete sich die Stirn. Er lachte. Das sind Gesten von Siegern. »Bitte abspielen!«

Ich fuhr das Band zurück. Stellte auf Wiedergabe. Startete. Es rauschte. Es knackte.

Unser Mann nickte mir beruhigend zu. Ich fühlte mich jetzt in guten Händen. Wieder ein Knacken. Und dann, ganz deutlich: *Dang-Ding-Dang-Ding-Dang-Dang-Dang-Dang. Hier ist Rias Berlin, eine freie Stimme der freien Welt.* Wenn plötzlich ein rothaariger Japaner durchs Zimmer gegangen wäre, hätte das keinen größeren Schock auslösen können. Mehr noch: Da war Panik im Spiel. Rias, wer ihn hörte, hatte mit bösen Konsequenzen zu rechnen.

Die Reaktion unseres Mannes war nicht professionell. Er sagte: »Nanu.« Dann hatte er sich gefaßt. »Wir wiederholen« Es folgte der deckungsgleiche Vorgang. Nur die Pointe war eine andere. Statt *Dang-Ding-Dang-Ding-Dang-Dang-Dang-Dang. Hören Sie nun den Wetterbericht des metereologischen Instituts der Freien Universität Berlin.* Stille.

»Ein technisches Phänomen!« Sein Aufbruch war übereilt. »Ich komme morgen wieder. Ich bringe einen Japaner mit!«

Mein Gott, noch einer.

Auf Wiedersehen.« »Auf Wiedersehen.«

Am nächsten Tag kam er schon morgens. Gut ausgeschlafen wie es schien, entsprechend gelaunt, aber allein. Das Mißverständnis klärte sich. Diesmal hielt er ein Gebilde von der Größe eines Bleistiftstummels in die Höhe. »Mein Japaner!« Der Effekt war der gleiche. Vielleicht war das *Sie-hören-den-Landfunk* etwas voller im Ton. Die gemütlichen Plauderstunden vom Anfang unserer Beziehung gehörten der Vergangenheit an.

Er hatte es beim Abschied wieder sehr eilig. »Ich werde morgen noch etwas anderes ...«

Auch am darauffolgenden Tag änderte sich nichts. Und an den dann folgenden auch nichts. Unser ansonsten harmonisches Familienleben begann in Gefahr zu geraten. In allen Zimmern herrschte Unordnung. Das Telefon konnte nicht benutzt werden. Ständig war Teegeschirr abzuwaschen. Unser Mann war zum ständigen Inventar geworden. Wie konnte man ihn wieder loswerden? Ohne seinem Selbstwertgefühl dauerhaften Schaden zuzufügen. Wir wußten uns keinen Rat. Sein morgendliches Klingeln wurde zum Fixpunkt unseres Tagesablaufs. Wie Duschen oder Frühstücken. Neben den entkleideten Telefonapparat hatten wir einen zweiten Tisch stellen müssen. Für Werkzeug und Material. Die Tätigkeiten unseres Mannes erweckten bei uns kaum noch Interesse. Mal einen mechanischen Seitenblick oder die beiläufige Information: »Er ist wieder dran.«

Eines Tages, wir hatten uns fast an diesen Zustand gewöhnt, blieb er weg. Auch am nächsten Tag erschien er nicht. Wir begannen uns Sorgen zu machen. War er krank? Nach einer Woche beschlossen wir, eine hoffnungsvolle Vermutung als Faktum zu sehen: Unser Mann hatte kapituliert.

Erleichtert brachten wir die Wohnung in Ordnung. Schleppten das Tonbandgerät an seinen Platz. Nach anfänglichem Zögern begann ich mich mit dem Telefonapparat zu beschäftigen. Es ging alles ganz schnell.

Ich löste zwei Schrauben, an denen der mit so viel Vorschußlorbeeren bedachte Japaner hing und schmiß ihn in den Mülleimer. Ich schraubte das Gehäuse fest, stellte die Blumenvase auf das Tischchen, legte die Notizen ordentlich ab und das Telefonbuch. Die vergangenen Tage kamen uns vor wie ein Traum. Oder eine sehr lange Krankheit.

Ach so, der Telefonstrolch hat sich nie wieder gemeldet. Sicher hat er Wind bekommen, daß wir uns mit höheren

Mächten eingelassen hatten. Denn, daß wir es nicht nur mit einem freundlichen Polizisten zu tun gehabt hatten, war nun sogar uns klar geworden.

Burger King

Das Imperium schlägt zurück.
Epunkt Hpunkt hat einmal von einem Japan-Besuch zehntausend Pkw Mazda mitgebracht. Begründung in einem internen Rundschreiben: Ausgestaltung der Hauptstadt als Weltmetropole. Das muß die Chefs der Defa-Studios inspiriert haben. Da nur wenig Leute für die hausbackenen Kunstwerke aus Babelsberg Interesse aufbrachten, ganze Völkerscharen sich hingegen auf die Socken machten, wenn ein Lichtspiel aus dem NSW über die Leinwand flackerte, beschloß man diesen Zustand zu verändern. Das Zauberwort lautete: Internationales Fluidum. Der Zuschauer sollte seine mäßig bewunderten Stars auch einmal vor dem Eiffelturm, dem Amsterdamer Grachten oder wenigstens vor der Gedächtniskirche agieren sehen. Umgehend wurden ein paar dürftige Devisen lockergemacht und Reisepässe genehmigt.

Da wir gerade einen brisanten Krimi über internationale Kunst-Diebstähle zusammenschusterten, kamen wir als erste in den Genuß der »Neuen Weltoffenheit«. Man genehmigte uns großzügig einen Tag Westberlin. Diese Dreharbeiten waren finanzbedingt knapp kalkuliert. Im Gegensatz zur im Alltag herrschenden sozialistischen Kostenrechnung mußte in kurzer Zeit viel geschafft werden. Den Rest erledigten unsere in aller Welt gerühmten Kascheure und Kulissenbauer. Unter anderem sollte eine kurze Dialogszene in einem Restaurant der Burger-King-Kette gedreht werden. In großer Eile wurden Kamera, Mikrophon, Scheinwerfer und Schauspieler in das Etablissement verfrachtet. Der Regisseur sagte, natürlich der neuen Situation angepaßt, etwas gedeckt: »Bitte Probe.« Rasch waren die wenigen Sätze eingeübt und man schritt zum »Feinschliff«, sprich: Herstellung einer authentischen Atmosphäre.

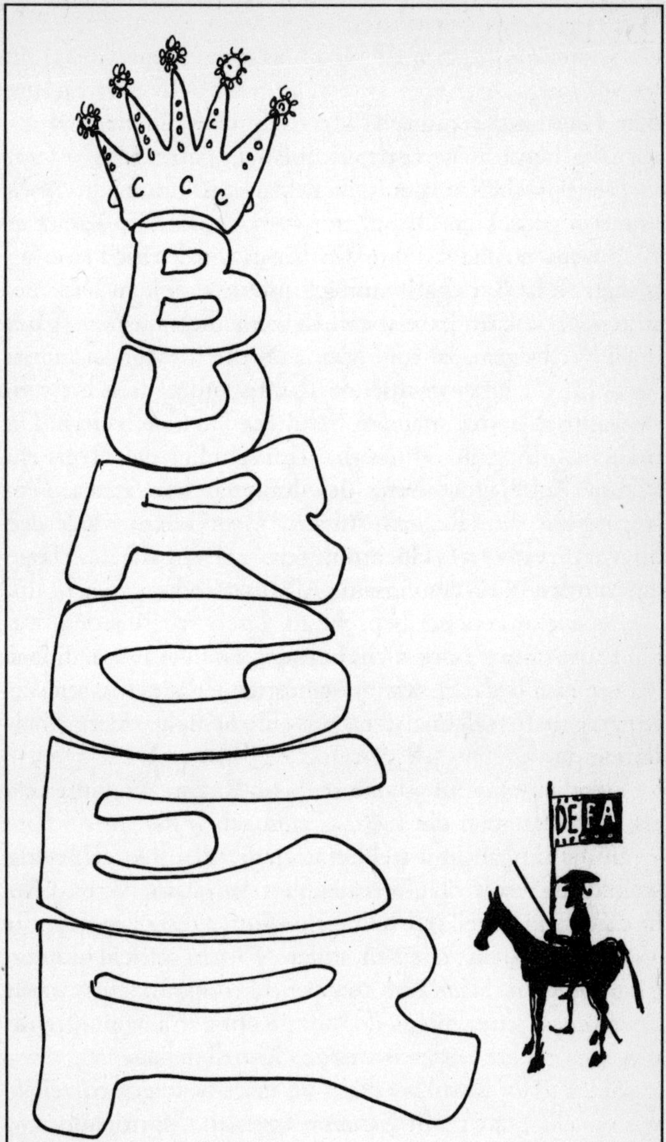
DEFA

Wie von einer unsichtbaren Fee serviert, standen plötzlich ein verlockend duftender Hamburger und eine Tasse Kaffee vor mir. »Der Kaffee ist bezahlt, aber denk auch an uns, den Hamburger müssen wir nach dem Drehen wieder zurückgeben«, flüsterte der Requisiteur betreten.

Der Geschäftsführer des Restaurants erschien. Nach kurzem, gedeckten Disput mit dem Vertreter unseres Co-Produzenten Allianz-Film Westberlin wurde eine Pause angesagt. Es hieß, es gäbe ein technisches Problem. Die Pause geriet etwas länger, was keinen sonderlich grämte. Gab es doch Wichtigeres zu tun. Meine Partnerin Monika mußte Jeans für die heranwachsende Tochter ordern, ich hatte eine Pappsohle von meinem Sohn im Drehbuch liegen, er brauchte dringend »richtige« Turnschuhe, der Regisseur suchte Knoblaucholiven, der Kameramann einen Klosettspüler, die Regieassistentin Gebißkleber für den Schwiegervater ... Hochmotiviert schwärmte das Team aus, zurück blieb der einsame Allianz-Wächter.

Als wir uns wieder bepackt am Drehort einfanden, war die Pause immer noch nicht beendet. Die Verantwortlichen hielten sich bedeckt, wir präsentierten einander unsere Errungenschaften, schnatternd wie eine Schulklasse am Wandertag.

Plötzlich spannungsvolle Stille im Raum. Wie im Theater, wenn langsam das Licht eingezogen wird.

In der Eingangstür steht eine zierliche, adrett gekleidete weibliche Person. Staubmantel über dem Arm, Aktenkoffer in der Hand. Nach freundlichem »Guten Tag« bittet sie die Verantwortlichen in einen stillen Winkel, gleich hinterm Gummibaum. Nach nur knapp fünf Minuten stürzt unser Produktionsleiter mit hochrotem Kopf zur Tür und raunt uns ungewohnt kumpelhaft zu: »Schnell abhauen!«

Als hätte er heimlich Feuer an der Theke gelegt, verlassen wir fluchtartig mit Kamera, Lampen, Mikrophon und Plastebeuteln die Ungaststätte. (Irgend jemand hat sich bestimmt den Hamburger geangelt.) Niemand hat uns die Situation erklärt. Die Szene wurde irgendwann in fünf Minuten an einem HO-Kiosk an der Friedrichstraße gedreht.

Erst Wochen später, nach dem fünften Bier bei der Premierenfeier, lüftete der Produktionsleiter das Geheimnis: Zunächst hatte der Restaurantleiter keinerlei Einwände gehabt, als jedoch die Bestellung aufgegeben wurde, schöpfte er einen grausamen Verdacht. Umgehend informierte er seine Chefetage. Die Adresse der Chefetage lautete: Burger-King-Europa, Sitz Hamburg. Dort machte sich Unruhe breit und eine leitende Mitarbeiterin umgehend auf den Weg, um drohendem Unheil zu wehren. Sie nahm sich einen Flieger, ein Taxi und schließlich unseren Produktionsleiter zur Brust und verlangte: Erstens, daß die Szene vorgeführt wird, zweitens, daß nach Fertigstellung des Films in Hamburg eine Vorführung arrangiert wird und drittens, daß erst nach Freigabe durch den Schrippenkönig die Premiere gestartet werden darf.

Anlaß für die Hektik war der Co-Partner *Allianz.* Jeder kennt diesen Begriff nur in Verbindung mit der Versicherung gleichen Namens. Und jeder kennt die entsprechenden Filmwerke, in denen sich Leute die Beine, die Gebißplatte oder Schlimmeres brechen, bevor die sonore Stimme sagt: Hoffentlich Allianz versichert. Burger-King fürchtete mit einem ähnlichen Desaster in Verbindung gebracht zu werden, deshalb der Zirkus. So mußte der Streifen ohne die Mitwirkung des Fastfood-Etablissements zurechtkommen. Vom Hocker gerissen hat er sowieso kaum einen.

Die Zuschauerströme wallten wieder nur zu den Westfilmen. Auch Burger-King hätte daran wenig geändert. Oder wird ein Wolkenkratzer anheimelnder, wenn im 20. Stock eine Kerze im Fenster brennt?

Sehnse.

Wahnsinnsreise

Wir hatten uns lange nicht gesehen und freuten uns. Er sah mager aus. Ich versuchte, sein Alter zu schätzen. Achtzehn?

Wir tauschten Neuigkeiten aus. In seinem Gesicht hatte sich etwas verändert. Natürlich fehlten die schulterlangen Locken, er trug einen Bürstenschnitt, aber das allein war es nicht. Die Augen waren es. Der Blick kühl, unstet. Waren mir noch nie so aufgefallen, die kleinen grauen, kühl blickenden Augen. Der Blick frei, als stünde er auf einem Hügel. Kühl.

Voller Ironie.

»Wie geht es dem ferienverwöhnten Ex-Abiturienten?« Ohne Umschweife begann er mir seine Geschichte zu erzählen. Die Geschichte seiner Wahnsinnsreise.

Rauschende Fete im »Franz-Klub«. Abitur überstanden, Armee erst im Herbst, ein Sommer ohne Ferienlager und ohne den Gestaltungswillen der Eltern lag vor ihnen. Nach einem halben Dutzend Cola-Wodka erblickte die Idee von der Wahnsinnsreise das Licht der Welt. Mit von der Partie »Snoopy« und Ralf. Mit dem Fahrrad nach Ungarn, Aufwand minimal, Schlafsack, wenig Klamotten, Proviant, natürlich der Walkman. Kein Schnulli. Wenig Geld. Wenn Ebbe, arbeiten gehen. Weit weg von zu Hause. Von Mutter Helga, die heute noch nicht weiß, wie man Jeans wäscht. Nämlich linksrum.

Als »Snoopy« Fieber kriegt und Ralf die große Flatter, beschließt er, allein zu fahren. Der Plan ist zur fixen Idee geworden, er kommt nicht mehr davon los. Losziehen, einfach so, ohne Plan und Reglement.

Zunächst beginnt die romantische Tour mit Fahrplan und auch sonst ziemlich reglementiert. Mit der Bahn. »Na ja, bis zur Grenze, verstehst Du? Die Republik hab ich ja druff.«

Grenzübergang Bad Schandau.

»Ist das Ihr ganzes Gepäck?«

»Ich fahre mit dem Rennrad, da heißt es ›Spare mit jedem Gramm, mit jeder Minute‹.«

»Öffnen Sie den Rucksack!« Langes gründliches Suchen. Endlich die Genehmigung zur Weiterfahrt. Ihre Skepsis war ihm nicht entgangen. »Eben Spießer. Absolut phantasieunfähig.«

Auf der ersten Station hinter der Grenze würde er aussteigen, sich aufs Rad schwingen, die eigentliche Reise würde beginnen. Abends auf dem Wenzelsplatz. Vielleicht erst nachts. Er allein mit Herrn Wenzel. Und dann mit dem Schlafsack unter einen Busch.

Als er den Zug verlassen will, sind die Uniformen wieder da. »Sie müssen mit dem Gegenzug zurückfahren. Klärung eines Sachverhalts.«

»Was denn für ein Sachverhalt. Sie haben doch alles kontrolliert?«

»Machen Sie kein Theater. Kommen Sie.« Er schultert sein Rennrad und besteigt mit den Beamten den Gegenzug nach Bad Schandau. Dort angekommen, führt man ihn in ein anderes Gebäude. Mehrere Stacheldrahtzäune schotten es nach draußen hin ab. Posten gehen auf und ab. »Das Rad stellen Sie hier auf den Gang. Nehmen Sie bitte im Raum Platz. Es kommt gleich jemand.«

Spartanische Einrichtung. Schreibmaschine, Arbeitslampe, Topf mit Tauchsieder. Ihm gegenüber ein Jahreskalender mit der Aufschrift: Komm zur GST. Das aktuelle Tagesdatum ist mit einem roten Plasterahmen markiert. Vor dem Fenster wird Volleyball gespielt. Es riecht nach Essen. Wahrscheinlich Rotkohl.

Ein junger Mann in Zivil betritt den Raum. Nach Feststellung der Personalien hagelt es Fragen. Warum allein? Warum mit dem Rad? Warum kein Gepäck? Warum kein konkretes Ziel? Warum so wenig Geld?

»Ich bin Fallschirmspringer, Flossentaucher, ich will Abenteuer, ein bißchen Kitzel, das ist alles, jetzt lassen Sie mich fahren. Ich hab meine Mama nicht umgebracht.«

»Wann und ob Sie fahren, müssen Sie uns schon überlassen. Wissen Ihre Eltern Bescheid?«

»Klar.«

»Wir werden mit ihnen sprechen müssen.«

»Das ist nicht möglich. Sie sind in ihrer Kuhbläke.«

»Wie bitte?«

»Auf ihrer Datsche in dörflicher Gemeinschaft.«

»Geben Sie mir die vollständige Adresse.«

Der Mann verläßt den Raum. Was wollen die von ihm? Dachten sie, er will die Mücke machen? Plötzlich wird ein Mensch wichtig, steht wirklich im Mittelpunkt.

An der Tür steht ein Wachhabender. Er hat ihn erst jetzt entdeckt. Wird er bewacht? Junger Bursche. Mit getönter Brille. Plötzlich zischt der: »Weißt Du was, Skinhead? Nur so!« Er reißt die Maschinenpistole hoch und macht: Ratatatatata!

»Nur so!«

Zum ersten Mal hat er Angst. Es erscheint ein Mann mittleren Alters mit grau meliertem Haar, sandfarbigem Jackett und Krawatte.

»Wo halten Sie das Facharbeiterzeugnis versteckt?«

»Was denn für'n Facharbeiterzeugnis?«

»Tun Sie nicht so scheinheilig. Sie erleichtern uns die Arbeit und schaffen sich einen nicht unerheblichen Vorteil.«

»Ich verstehe kein Wort.«

»Schrauben sie Lenker und Sattel ab.«

Mit Drähten werden sämtliche Hohlräume untersucht. Die Stimmung wird gereizter.

Warum so wenig Gepäck? Warum kein Zielort? Warum so wenig Geld?

»Ich sagte doch schon …«

»Die Unwahrheit! Jetzt raus mit der Wahrheit!«

Seine Angst verstärkt sich. Der Mann verläßt den Raum. Offensichtlich findet eine Beratung statt. Schließlich eine Mitteilung.

»Sie werden jetzt nach Berlin gebracht zwecks endgültiger Klärung. Nehmen Sie draußen im Korridor Platz.«

Ihm ist alles egal. Er ist hundemüde. Sein Magen revoltiert.

»Nehmen Sie Ihre Sachen und verschwinden Sie. Sie können Ihre Reise fortsetzen.«

Er ist verwirrt. Er muß geschlafen haben. Benommen taumelt er in die heiße Sonne. Er findet sich nicht zurecht. Schließlich steht er auf einem Bahnsteig. Vor ihm eine Telefonzelle.

»Hallo Mama, Du bist zu Hause? Ich stehe auf dem Bahnsteig in Bad Schandau. Die Bullen haben mich festgehalten.«

»Ich weiß, sie haben mich nach Berlin geschafft. In der Wohnung mußte ich ihnen Dein Facharbeiterzeugnis zeigen. Zum Glück hab ich's gefunden. Vor 'ner halben Stunde sind sie raus. Komm nach Hause.«

»Jetzt erst recht nicht. Den Gefallen tu ich ihnen nicht. Jetzt gerade.«

Im Zug schläft er wie ein Stein. Bis Prag. Es ist Mitternacht. Er steht auf dem Wenzelsplatz. Es regnet. In ihm geht nichts vor. Auf einem Rummelplatz findet er Unterschlupf unter einer abgedeckten Luftschaukel. Sicherer als das Gebüsch.

Am nächsten Tag fühlt er sich besser. Der Schlaf hat ihm gut getan. Er begibt sich auf die Landstraße. Die Sonne ist heißer und die Wege weiter als gedacht. Alles läuft wie am Schnürchen.

Kurz hinter Benesòw begegnet er Wuddi. Wuddi ist Kellner vom Prenzlauer Berg, leidenschaftlicher Radwanderer und Lebenskünstler. Sein Fahrrad ist alt, das Gepäck reichlich. An jeder Kneipe legt Wuddi eine Pause ein und genehmigt sich einen halben Liter. Eine Zeitlang ist das ganz amüsant. Dann bremst es den Mann, der es eilig hat. An einem Kiosk wird Abschied gefeiert. Den zweiten halben Liter kippt er ins Gras. Lange noch werfen sich die Berge Wuddis Abschiedsgesang zu: Ja, wir san mit'm Radl da.

Täglich schafft er bis zu 150 km. Nimmt sich kaum Zeit für einen Imbiß. Wieder eine Grenze. Diesmal problemlos. Budapest. Wuddi hatte ihm geraten: »Geh in B. auf einen Campingplatz. Da kannst Du Dich waschen und quatschen. Du drehst sonst durch.« Auf dem Platz trifft er Landsleute. Unverkennbar mit ihrem südlichen Dialekt. Sie sehen sein Rennrad. »Du bist von drüben, stimmt's?«

»Quatsch, hier ist meine Legitimation.« Er reicht die Schachtel *Karo* herum. Als Gegenleistung bekommt er eine Adresse am Balaton. Budapest läßt ihn kalt, vielleicht liegt es daran, daß es heiß ist. Er begibt sich auf die Landstraße Richtung Balaton. Der Verkehr ist heftig. Viel Staub. Die Landschaft gefällt ihm. Wenig Gehöfte, überall Platz.

In einer Kurve fliegt ihm bei einem Sturz der Vorderreifen weg. Das zerschundene Knie ist zu verkraften, schmerzlich der Verlust des Walkmans. Die Kilometer werden nun lang werden.

Am Balaton empfängt ihn Ferienstimmung mit Sonnenschein. Die Menschen sind heiter und gehen freundlich miteinander um. Die Adresse stellt sich als Glückstreffer heraus. Gastfreundlich wird er aufgenommen. Man verständigt sich mit Händen und Füßen, Englisch aus der Hit-Parade. Eine geruhsame Urlaubswoche breitet sich vor ihm aus.

Am nächsten Morgen besteigt er sein Rad. Es ist noch früh. Alles schläft. Er legt etwas Geld auf den Tisch und einen Zettel: *Good time for you and thank, Mr. Velo.*

Er fährt Richtung Grenze. »Was für eine Grenze?« »Die jugoslawische.« »Warum?«

»Ich weiß nicht, es war wie ein Zwang.« 10 km vor der Grenze vergräbt er das Rad. Er geht zu Fuß weiter. Aber

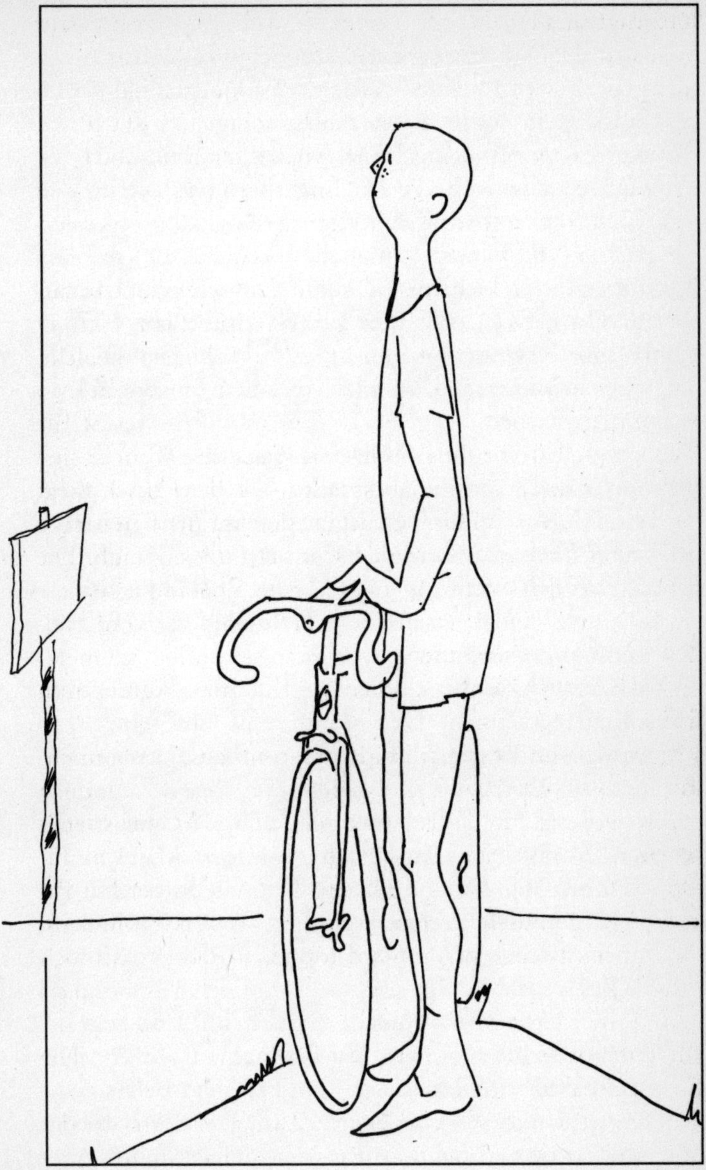

nur nachts. Am Morgen sucht er sich eine abgelegene Scheune. Er kann kaum atmen. Der Schweiß läuft in Strömen. Selten kommt er an Trinkwasser. Einmal trinkt er aus einer verfaulten Tonne. Er muß sich übergeben. Zu seiner Überraschung trifft er auf keinen Menschen. Hin und wieder ein Tier. Eine Kuh, die sich losgerissen hat, allerlei Vögel. Einmal springt ein Reh auf.

Dann ist die Grenze ganz nah. Vielleicht 800 m. Am Himmel sieht er Lichtbündel von Scheinwerfern. Überall Warnschilder. Es ist still. Eine laue Sommernacht. Grillen zirpen. Das Herz schlägt ihm bis zum Hals. Er muß sich zur Vorsicht zwingen. Darf jetzt vor lauter Ungeduld keinen Fehler machen.

Unmittelbar vor ihm ein flaches Gebäude. Wohl unbewohnt. Er späht um die Mauerecke. Vor dem Haus steht ein Bus. Was macht der hier? Ist er nur abgestellt? Wo sind die Leute? Dichtes Unterholz zwingt ihn über den Hof zu gehen. Plötzlich erfaßt ihn grelles Licht. Er hechtet zurück ins Gebüsch, landet unter einem Holunderbusch. Er hält den Atem an. Niemand verfolgt ihn.

Warum auch? Sicher ein Schmuggler. Man konnte eine Strickmütze erkennen. Der Mann muß mit seiner Taschenlampe unter der Motorhaube gearbeitet haben, für ihn nicht sichtbar.

Der scharfe Holundergeruch weckt ihn. Er war eingeschlafen. Leichtsinn! Heute nacht mußte es klappen. Er fühlt sich schlapp. Der Hals ist trocken. Gierig verschlingt er ein paar Holunderbeeren. Vorsichtig tappt er los. Durch die hohen Stämme sieht er den Mond. Ist dort eine Lichtung? Die Grenze?

Für die letzten Meter braucht er viel Zeit. Dann liegt sie vor ihm. Er späht zwischen zwei Bäumen auf die Anlage. Kein gewaltiger Anblick. Er ist komfortablere Befestigungen gewöhnt. Ein ganz normaler Zaun. Etwa zwei Meter hoch. Sicher Stacheldraht. Dürfte kein Problem sein.

Plötzlich bewegen sich Menschen. Vielleicht ein halbes Dutzend Uniformen. Man erkennt nur die Umrisse. Hatte der Busfahrer doch … Die Gruppe teilt sich. Drei kommen in seine Richtung. Ein Hund ist dabei.

Er versucht hinter üppig wucherndem Gras Deckung zu finden. Dabei stößt er mit der Schuhspitze gegen den Baum. Eine Elster schreckt auf. Unter gellenden Warnrufen wechselt sie die Baumspitzen. Die Posten bleiben stehen. Einer sagt zwei Worte. Ein anderer lacht. Die Elster schreit wieder. Die Posten wirken unentschlossen.

Da rennt er los. Unkontrolliert. In jagender Angst. Mühelos durchdringt er das Gebüsch. Ein Zustand wie Fliegen. Die Zweige peitschen sein Gesicht. Der Schmerz ist nicht unangenehm. Er spürt keine Müdigkeit mehr. Jegliches Zeitgefühl kommt ihm abhanden. Nach einem Gewaltmarsch erreicht er das Waldstück und findet tatsächlich sein Rad. Wie, das ist ihm heute ein Rätsel. Da er es nicht mehr benutzen wollte, hatte er keinerlei Markierung angebracht. »Gerochen hab ich's, verstehst Du? Wie der Hund den Knochen.«

»Warum hast Du nach all der Quälerei so schnell aufgegeben?«

»Vielleicht habe ich es nicht so richtig gewollt. Ich weiß es nicht.«

»Und wie geht's weiter?«

»Übermorgen zur Armee. Dann sehn wir weiter.«

Und er lacht schallend.

Die Augen bleiben kühl.

Meine Reisebekanntschaft Franz K.

Berufen konnte man sich auf nichts.
Bei entsprechendem Wohlverhalten und guter Tagesform der Behörde bestand die Möglichkeit zu besonderen familiären Anlässen in den Westen zu fahren. Gemeint waren: Hochzeiten, hohe Geburtstage, Todesfälle, Kindstaufen, lebensgefährliche Erkrankungen naher Verwandter. Der Willkür war Tür und Tor geöffnet.

Bei Ablehnung erfuhr man keine Begründung. Verunsicherung war die Folge. Was wissen die von mir? Oft hatte die Ablehnung mit dem Antragsteller nichts zu tun. Beispielswiese konnte Devisenmangel der Grund sein. Jeder Reisende bekam ein schäbiges Tagegeld.

War ein Bürger zu einer Beantragung entschlossen, begab er sich auf einen Prüfstand seiner seelischen Widerstandskraft. Anfängliche Freude auf eine lang ersehnte Reise zerstob spätestens beim Betreten des Präsidiumsgebäudes in der Keibelstraße. Hier erwarteten ihn Demütigung, Borniertheit, Arroganz, Dummheit. Der Preis für die in Aussicht gestellte Belohnung war hoch. Für manche unbezahlbar.

Die Anzahl der Geburtstage meines greisen Vaters in Darmstadt erfüllte eine der geforderten Begründungen locker. Ein biologisches Pfund gewissermaßen. Und da ich wiederholt für Dreharbeiten und Gastspiele Genehmigungen für Reisen ins westliche Ausland bekommen hatte, war ich meiner Sache ziemlich sicher. Also faßte ich den Entschluß, das Procedere zu wagen.

Der Kontrollposten am Eingang in der Keibelstraße arbeitete wie eine Filteranlage. Konnte man vor der Tür noch die unterschiedlichsten Menschentypen beobachten, begab sich mit ihnen nach dem Eintritt eine merkwürdige Mutation. Alle wurden sich ein bißchen gleicher. Die Großen zogen den Kopf ein, die Kleinen reckten sich, die Dicken hielen die Luft an, die Dünnen blähten die Brust, die Lauten fingen an zu wispern, die Leisen dröhnten, die Farben begannen zu bleichen, die Haut zu schrumpfen. Derart präpariert erfüllte der Antragsteller Punkt 1 des Forderungskatalogs: Er hatte mausgrau und unauffällig zu sein.

Der Mann mir gegenüber ist groß gewachsen, er klemmt förmlich hinter seinem Schreibtisch. Alter um die dreißig. Das Haar früh ergraut. Hinter der metallgerahmten Brille verstecken sich dunkle, sympathische Augen. Die Uniform wirkt fremd an ihm, wie ein miserabel gefertigtes Konstüm. Die Hände blaß, ein wenig fleckig. Die Nägel zeugen von Kalkmangel. Ausschließlich ich bin es, der redet. Frauen werden einfach überschwiegen. Widerwillig hantiert er mit meinen Unterlagen. Der Raum ist winzig, nur mit dem Nötigsten ausgestattet. Es riecht nach Schweiß. »Ihr Antragsformular ist nicht ordnungsgemäß ausgefüllt.« Seine Stimme ist guttural, durch ständiges Sitzen eingeklemmt. Ich werde nervös. Falsch ausgefüllte Formulare dürfen nicht korrigiert werden. Es hat Fälle gegeben, wo Antragsteller dreimal antreten mußten. »Ich wußte den Grenzübergang nicht, Können Sie mir vielleicht helfen?«

»Will ich reisen oder Sie?“ Die Schroffheit vernichtet. Was hat er gegen mich? Er schiebt das Formular zu mir. Ich weiß nicht, was das zu bedeuten hat. Bin ich damit entlassen? »Ich weiß es wirklich nicht. Warum verkomplizieren Sie den Vorgang? Ist es vielleicht Bebra?« Er zuckt mit den Schultern.

Ich nehme meinen Kugelschreiber, überprüfe sorgfältig die Richtigkeit der Rubrik, setze an. Blicke noch einmal meinem Gegenüber ins Auge. Ich sehe in das Gesicht einer Sphinx. Will er mich ins offene Messer laufen lassen? Da ist so ein lüsterner Zug um den Mund.

Reisen bildet!
D.R.

»Oder ist es Wartha? Natürlich Wartha. Bebra ist ja schon im Westen.« Er scheint enttäuscht. Atmet geräuschvoll aus. Versucht Stempelfarbe vom Daumen zu wischen. Kurz entschlossen schreibe ich. Er reißt mir förmlich den Antrag aus der Hand. »Warum denn nicht gleich.«

Das war zu viel. »Was bilden Sie sich eigentlich ein? Die Antragstellerei gehört bestimmt nicht zu meinen Lieblingsbeschäftigungen, man wird psychisch stark gefordert. Das wissen Sie. Warum müssen Sie die Sache zusätzlich unerträglich machen. Ich versuche, mich korrekt zu verhalten. Das Gleiche verlange ich von Ihnen. Sie haben die Aufgabe, mich zu beraten und nicht mich zu schikanieren. Ich möchte nichts geschenkt, beanspruche nur, was mir zusteht.«

Er macht das Gemeinste, was er machen kann. Er schweigt. »Bekomme ich einen Beleg oder einen Termin?«

»5. 1., 14 Uhr.« Das klingt wie: Zieh Leine, du Schuft von Charles Bronson. Auf meine zähneknirschende Verabschiedung keine Raktion. Diese Reise werde ich in den Wind schreiben können.

Wenige Tage später bekomme ich eine Aufforderung, mich umgehend beim Intendanten zu melden. In der Annahme, für ein beantragtes Kafka-Projekt grünes Licht zu bekommen, betrete ich hoffnungsvoll sein Büro. »Sag mal, was machst denn Du für Sachen in der Keibelstraße. Die haben angerufen. Du sollst Dich unmöglich aufgeführt haben. Erzähle.«

Meine Verblüffung schlägt um in Wut. Ich versuche, bei meiner Schilderung möglichst sachlich zu bleiben. Der Intendant feixt. »Ich habe jedenfalls die Aufgabe, erzieherisch auf Dich einzuwirken. Das habe ich hiermit getan. Mach damit, was Du willst.«

»Wie war denn der Name des Anrufers?«

»Kein Name.«

»Apparatnummer?«

»Nichts. Du weißt, bei Anrufen dieser Art ist das nicht üblich.«

»Anrufe dieser Art ...«

»Nimm's nicht so tragisch, Hauptsache, Du bekommst den Paß."«

Ich fühle mich gekränkt und muß mich wehren.

Berlin, den 20. 1. 84

Präsidium der Volkspolizei Berlin

Abteilung Paß- und Meldewesen, Eingabenstelle

Werter Genosse Leiter,

am 20. 12. 83 beantragte ich eine Reise in die BRD, mein Vater Dr. Wilhelm Reusse feiert dort am 27. 1. 84 seinen 76. Geburtstag. Beim Antragsgespräch kam es zu einem erregten Wortwechsel, ich konnte nicht auf Anhieb den entsprechenden Grenzübergang benennen. Ich bat den Genossen, mir behilflich zu sein. Seine Antwort: Will ich reisen oder Sie?

In diesem Klima verlief das gesamte Gespräch. Ich hatte das Gefühl, abfällig behandelt zu werden.

Einige Tage später wurde ich zu meinem Intendanten bestellt. Anlaß war eine telefonische Beschwerde der Keibelstraße. Mein Verhalten dort hätte Veranlassung gegeben. Man solle erzieherisch auf mich einwirken.

Ich bitte um eine Erklärung:

1. Ich möchte die konkreten Gründe erfahren für diese drakonische Maßnahme.

2. Meinen Sie nicht, daß ein vernünftiges Gespräch den Beteiligten mehr Nutzen gebracht hätte, als diese anonyme böse Attacke.

Hochachtungvoll.

Zwei Nachrichten. Eine gute, eine schlechte. Die gute zuerst: Zu meiner Überraschung bekomme ich den Paß. Die schlechte: Unmittelbar nach der Reise bekomme ich eine Vorladung in die Keibelstraße.

Der Raum ist größer. Auf der Fensterbank Blumen. Da sitze ich nicht vor dem Schreibtisch, sondern in einer häßlichen Sitzgruppe in einer Ecke. Mein Gegenüber unterscheidet sich grundsätzlich von dem Vorgänger.

Er ist eine Frau.

Nicht genug damit. Es handelt sich um eine sensationell hübsche Frau. Gut frisiert mit gepflegten Händen, rot lackierten Nägeln, sogar die Uniform wirkt attraktiv, im Raum der Duft eines teuren Parfüms.

»Wir haben Ihre Eingabe sorgfältig geprüft. Im Kollektiv wurde eine Auswertung vorgenommen und entsprechende disziplinarische Maßnahmen ergriffen. Ich hoffe, daß diese Auskunft zu Ihrer Zufriedenheit ausgefallen ist.«

»Was ist denn mit dem Anruf?«

»Welchem Anruf?«

»Hören Sie, das war der eigentliche Anlaß meiner Eingabe. Ich wurde beim Intendanten angeschwärzt!«

»Moment.«

Die wohlmanikürten Finger blättern mechanisch in den Unterlagen. Sie blickt mich an. Mit schönen, beinahe tiefgründigen Augen. »Ein Anruf hat nie stattgefunden.«

Ich war auf einiges vorbereitet. Auf Spitzfindigkeiten und Behauptungen. Die Primitivität dieser Strategie erwischt mich am Solar plexus. Wie der Karpfen in der Badewanne schnappe ich zwei-, dreimal nach Luft.

»Also verstehe ich richtig, der Intendant ist ein Idiot, seine Sekretärin leidet an Halluzinationen, ich bin sowieso durchgedreht. Wir haben uns das alles nur ausgedacht, um Sie zu ärgern! Wie erklären Sie sich die Sache?«

»Ein Anruf hat nie stattgefunden.«

Ich spüre, daß ich anfange, mich lächerlich zu machen. Ich stehe auf. »Ich werde, o, dessen können Sie sicher sein, ich werde an gegebener Stelle über diese Ungeheuerlichkeit berichten, machen Sie sich auf einiges gefaßt, ich werde ...«

»Sind Sie damit einverstanden, daß wir damit Ihre Eingabe als erledigt betrachten?«

»Im Gegenteil! Jetzt geht der Tanz erst richtig los!«

Der Satz war als Abgang nicht schlecht gewählt. Als Bühnentext nicht ungeeignet. In meiner Situation hingegen war die Komik grotesk. Die bescheidenen Möglichkeiten, in diesem Land Genugtuung zu erfahren, waren mit dem Verfassen einer Eingabe erschöpft. Mein Schmerz war dazu verurteilt, ganz unspektakulär sein mürbendes Leben im stillen Kämmerlein dahinzufristen. Nach der Devise: Leg's zu dem Übrigen.

Der Pförtner schreit: »He, Ihren Ausweis!« »Warum denn schon wieder?« »Ich muß doch wissen, ob Sie nicht drin geblieben sind.«

Da konnte ich ja noch von Glück reden.

So war es doch noch zu einem Kafka-Projekt gekommen.

Die Gaswolke

Rüpelspiel

Für einen Film wird eine komfortable Villa gesucht. In einem Berliner Vorort wurde man fündig. Gebäude und Umgebung entsprachen den Vorstellungen des Regisseurs, man entschloß sich, wichtige Szenen des Films an diesem Ort zu drehen.

Eines Morgens brach der Fahrzeugtroß in die Stille des Villenvororts ein. Lkws mit Scheinwerfern beladen, Requisitenfahrzeuge, Tonwagen, Schminkwagen, Pkws mit den Schauspielern, ein Bus mit Komparsen. Die beschauliche, von alten Linden gesäumte Straße glich einem Basar.

Gegen 11 Uhr war immer noch keine Klappe gefallen. Aus irgendeinem technischen Grund verzögerte sich der Drehbeginn.

In zügiger Fahrt nahte ein weißer Wartburg. Am Imbißwagen kam er zum Halten. Ein elegant gekleideter Herr entstieg ihm. Er blickte sich suchend um und erkundigte sich nach dem Verantwortlichen. Der Regisseur wurde geholt. »Ich muß Ihnen eine Mitteilung machen. Nach einer Information der BEWAG befindet sich über dem Drehort eine Gaswolke. Durch Funkenbildung der elektrischen Geräte besteht Explosionsgefahr. Die Dreharbeiten sind sofort abzubrechen.« Sagt's, besteigt sein Fahrzeug und verschwindet.

»Ist hier irgendwo Chris Howland mit seiner Kamera?«

»Hör mal, das war der persönliche Referent des Intendanten.«

»Was hat der von einer Gaswolke gesagt?«

»Ist denn technisch sowas überhaupt möglich?«

»Weiß ich nicht. Ich habe nur gehört, daß Feierabend ist.«

»Immerhin, es ist total windstill.«

»Wie ist denn die Wolke dann hergekommen?«

»Mein Gott, meine Kinder sind im Kindergarten, drei Straßen weiter!«

»Der Drehtag ist beendet. Sie werden telefonisch informiert über den weiteren Ablauf.«

Am nächsten Tag die gleichen Vorbereitungen. Mit dem Unterschied, daß von einer Gaswolke keine Rede mehr ist und pünktlich 9 Uhr 30 die erste Klappe fällt.

Feixend erzählte der Aufnahmeleiter, bei der BEWAG habe niemand etwas von einer Gaswolke gewußt.

»Also doch ein Scherz?«

»Wie man's nimmt.«

In vertraulicher Runde wurde die Pointe nachgeliefert. In der stillen lindengesäumten Allee befand sich das Haus eines hohen Stasi-Funktionärs. Dieser Herr hatte mit Sorge die Drehvorbereitungen vor seiner Haustür beobachtet. Der eigentliche Drehort lag etwa 100 m entfernt. Da diese Spezies Mensch die ihnen anvertraute Sicherheit des Staates im Laufe der Zeit mehr und mehr zur Sorge um die eigene Sicherheit umfunktioniert hatte, schlug er in der Zentrale Alarm. Dort reagierte man umgehend. Die ergangene Weisung an den Führerbunker in Adlershof sah die dortige Mannschaft vor einem Dilemma. Den wahren Sachverhalt konnte man den politisch ohnehin labilen Filmmenschen nicht mitteilen. Der Anlaß der Maßnahme mußte geheim bleiben. Es geschah etwas in diesen Mauern Unübliches. Man wurde kreativ. Man erfand die Legende von der Gaswolke. Damit war Zeit gewonnen und man konnte sich mit der »Firma« auf einen Kompromiß einigen. Der lautete schließlich so: Dreharbeiten ja, aber nur unter der Bedingung, daß in den gezeigten Einstellungen keine »Groborientierung auf den Wohnsitz betreffender Person« gegeben würde.

Nur noch mal zur Erinnerung: Der Drehort befand sich reichlich 100 m entfernt.

Geraume Zeit später. Der Film ist abgedreht. Er befindet sich in der Endfertigung. Die Geschichte von der Gaswolke ist fast in Vergessenheit geraten. In Garderoben- und Kantinengängen verendet. So stark war sie nicht.

In finsterer Nacht wird ein dunkles Fahrzeug auf dem Fernsehgelände auftauchen. Einige Gestalten werden dem Fahrzeug entsteigen, das Schneidehaus betreten, mühelos Türen öffnen, mit traumwandlerischer Sicherheit den Schneideraum 7 aufsuchen, den für den Feinschnitt bereitliegenden Film auf den Schneidetisch legen und ihn in seiner ganzen Länge einer eingehenden Prüfung unterziehen. Der Auftrag der Tschekisten lautet: Festzustellen, ob in dem Film nicht doch heimliche Hinweise auf das Domizil des Stasi-Oberen eingebaut worden sind.

Man wurde fündig. Sei es, um nur der Nacht- und Nebelaktion eine Berechtigung zu geben oder ein durchs Bild fliegender Spatz hatte gepetzt. Während Regisseur, Kameramann, Autor, Dramaturg, Schnittmeisterin arglos in ihren Betten liegen (oder auch anderen), schnippeln Dilettanten mit der der Firma eigenen Rüdheit in ihrem Film herum. Ganz ohne Raffinesse. Die Künstler sollen bei dieser Gelegenheit gleich daran erinnert werden, wer in diesem Land die Hosen anhat. Die Kundschafter werden nach getaner Arbeit sorgfältig für Ordnung sorgen, akkurat das Filmaterial in den Regalen verstauen, die herausgeschnittenen Meter in vorbereiteten Umschlägen verwahren, das Licht löschen, die Türen verschließen, die Fahrzeuge besteigen und schließlich rechtschaffen müde in ihre Betten sinken.

Freudig getane Arbeit verschafft Zufriedenheit, Zufriedenheit einen gesunden Schlaf.

Gute Nacht.

Hurra, wir haben einen Golfplatz

Zunächst erscheint dir alles vertraut. In der samstäglichen Herbstsonne leuchten die alten Straßenbäume, der See hat sich fürsorglich des Dorfes angenommen, die flachen Häuser reihen sich, nicht preußisch akkurat, doch folgsam rechts und links der Dorfstraße. Das Kirchlein überragt die bukolische Idylle. Als hätte ein routinierter Landschaftsmaler seine Hand im Spiel gehabt. Ein Ort wie zig andere um die Hauptstadt herum? Der Eindruck täuscht.

Der Ort heißt Motzen und das erklärt in diesen Tagen einen Unterschied. Ein silberner Stern macht der Herbstsonne Konkurrenz. Unter diesem Stern steht das German Masters-Golfturnier und der Veranstalter ist Golf-Urgestein Bernhard Langer und der Golf und Country Club am Motzener See. Große Namen haben sich angesagt: Ballesteros, Faldo, Norman ... Sie kreuzen just zu dieser Stunde ihre Driver, einer von ihnen wird übermogen um 104 000 engliche Pfund reicher Europas beste Golf-Anlage verlassen. Und das Ganze schlappe 55 m vom verwaisten Motzener Gemeindeamt entfernt. Auf der sandigen Gammelscholle der LPG »Frohe Zukunft«. Eines der Wunder unserer Tage.

Im Ort spürst du nichts davon. Vielleicht ein paar parkende Autos mehr. Aber nicht ungewöhnlich am Wochenende, in er Pilzzeit. Wo sind die pilgernden Publikumsscharen? Die Souvenirstände, Fahnen, Coca-Cola-Schirme, Bratwurstdämpfe, Bierbuden? Die Satellitenanlagen der internationalen Fernsehanstalten? Die Nobelschlitten? Motzen im Fieber einer Goldgräberstadt? Nichts dergleichen.

Die uralten Bäume am Kirchlein rauschen, ein Hund pinkelt an den Fahrradständer vorm ehemaligen Dorfkonsum. Du hörst Musik. Wummernde Diskoklänge. Also doch. Du gelangst auf den Kirchplatz. Holla! Hier tut sich was. Eine Handvoll Buden. Döner, Fischbrötchen, Jogginghosen. Und hier findest du auch Einheimische. Etwas ratlos stehen sie herum. Als würde ein Film gedreht und alles wartet auf den Regisseur.

In der Live-Übertragung im Fernsehen hast du auch Motzener gesehen. Hinterm Zaun der Golf-Anlage. Wer von draußen durch einen Zaun starrt, sieht immer blöd aus. Und so war es auch.

Am Friedhofszaun hängt ein grüner Zettel: *Tournee-Spezial. Markt-, Musik-, Konzert- und Künstleragentur Mittenwalde. Dorffest in 15741 Motzen*

Anläßlich des bedeutensten Golfturniers Deutschlands erhielten wir kurzfristig den Auftrag, eine Außenveranstaltung für die Gemeinde Motzen zu organisieren. Es ist uns gelungen, in nur einer Woche folgenden Programmablauf zum Gelingen eines Dorffestes in Motzen zusammenzustellen:

Disco mit Thorsten, Discjockey aus Mittenwalde

Trio Mittenwalde

Dahmeland Orchester Mittenwalde

Blankenfelder Dancig-Girls

Poppy Berlin mit »Jetzt kommt die Süße«

Unter den gastronomischen Angeboten können Sie wählen: Broiler, Döner, ungarische Spezialitäten, Spreewälder Gurken vom Faß. Eis und Fischimbiß ist vertreten.

Um den angedrohten Auftritt von Poppy Berlin aus dem Wege zu gehen, verläßt du die gastliche Stätte nebst Kirchlein und wanderst auf vertrautem märkischen Katzenkopfpflaster die Dorfstraße entlang. Am Anschlagbrett: *Suche Benzintank für Schwalbe.*

Rechterhand Motzens legendenumwobene Großkneipe »Siebenmark«. Heute verlassen und grau. Der Tanzsaal erinnert an stürmiche Zeiten. Ganze Busladungen sonnenhungriger Berliner wurden hier am Sonntag mit gebackenen Forellen oder Spargel verköstigt. Lang, lang ist's her.

Ein seit Jahren vergessener Neubau blickt aus verheulten Fensteraugen. Hinter zugezogenen Gardinen wird Eigentümer Horst in seiner verkeimten Küche sitzen und glanzvoller Zeiten gedenken. Schließlich war er es, der im Nachwendejahr mit den »Geldheinis aus Düsseldorf« die Claims an der Bestenseer Landstraße abgeteckt hat. Doch aus der fest kalkulierten Goldmillion wurde nix. Andere waren stärker und zogen das »Schlitzohr von Brandenburg« über den Tisch. Von seiner Berufskrankheit gezeichnet, hockt Horst auf dem Küchenstuhl und knurrt: »Euch werd ich's zeigen!«

Auf der Bank in der Sonne Frau R. Auf deine Gretchenfrage wird sie antworten: »Ich geh da nicht hin. Warum sollte ich?« Nachbarn äußern sich ähnlich. Beim Reden deuten sie mit dem Daumen über die Schulter, wie man es früher tat, wenn man vom Schloß oder vom gnädigen Herrn sprach.

Rudi mit der Gummijacke sagt: »Golf würde ich gern unterm Hintern haben, um den Sohn zu besuchen.«

Ein Mann mit kalter Zigarre: »Bin doch nicht bekloppt, mit Krückstock uff kleene Bälle schlagen.«

Rudi: »Aber die Dollars, die würdeste mitnehmen.«

Zigarre: »Mit'm Aldibeutel.«

Alles ohne Groll. Hätte noch vor zwei Jahren so manches Auge revolutionär gefunkelt, heißt es jetzt: Das sind die und das sind wir. Was soll's. Die Stimmung ist feierabendlich friedlich. Manch Hausfassade ist frisch geweißt, in den Gärten Partyzelte, Markenzeichen für den »Aufschwung Ost«.

In der Ortssatzung hatte es noch 1987 geheißen:

Ausgehend von der sozialistischen Verfassung der DDR, den Beschlüssen der Partei der Arbeiterklasse, den Gesetzen der Volkskammer und den Verordnungen des Ministerrates der DDR sowie den Beschlüssen des Bezirks- und Kreistages zur weiteren Gestaltung der sozialistischen Gesellschaft, be-

schließt die Gemeindevertretung eine sozialistische Ortssatzung.

Auf einem Plakat Stefan Heym mit Schlapphut aus dem Striese-Fundus.

Die Häuserreihe lichtet sich. Am Gemüsekiosk »Obst und Gemüse aus aller Welt« führt eine Schneise in den Kiefernwald, hoch zum Kahlen Berg. Hier oben bietet sich dir eine prächtige Aussicht auf das Wunder von Motzen. Die Szenerie aus einem Fellini-Film. Menschenmassen, Kamerakräne, Reklametafeln, Scheinwerfer und Greens und Bunker und Teichanlagen komplett mit Schwänen. Und alles in drei Jahren. Im gleichen Zeitraum wurde die Reparatur des Brückleins an der Einfahrt nach Mittenwalde in grauer Vorwendezeit nicht bewältigt.

Und schön sieht's aus, so grün, adrett und frisch gewaschen, als hätte der Herrgott nach lang anhaltendem Applaus eine Zugabe gegeben. Und keine Sichtblenden, keine martialischen Abssprerrungen. Der Drahtzaun läßt den Blick großzügig schweifen, nichts und niemand will sich verstecken.

Und du entdeckst die Ursache für die Ruhe im Ort. Am frisch gezimmerten Bahnsteig steht ein Großraumzug der Deutschen Bahn. Geduldig wartend. Wie der Köter des Biertrinkers. Die rote Diesellok wird die Fangemeinde pünktlich nach dem letzten Putt mit zwei Fuhren zum heimatlichen Zoologischen Garten kutschieren. Morgen früh das gleiche retour. Bahnhof Zoo-Bahnhof Golfplatz Motzen. Man braucht gewissermaßen nicht sein Territorium zu verlassen.

Der Zug ist ordentlich, sauber und pünktlich. Drin gibt es Sekt und Würstchen.

Wild wucherndes Unkraut, auf der Strecke wurde geschoren, an jedem Übergang steht jetzt ein weiß-roter Balken: Übergang vorübergehend gesperrt. Die Schienen sind erneuert. Nicht mehr die alten Dinger, auf denen einst

Mercedes
Ich bin doch Bernhard Langer !
Konsum
Frisör

Henny Porten als Carola Lamberti vom Zirkus-Waggon auf Heinrich George schaute, der auf parallel laufender Landstraße mit seinem 6-Zylinder-Horch versuchte, die Henny einzuholen. Hinter entstehenden Fertighäusern scheint auch unser preußisch-barockes Kirchlein krähen zu wollen: Unser Motzen hat seine Jahre nicht nur im Tiefschlaf verbracht!

Auch wir hatten unsere Sternstunden.

Unter dir befindet sich Loch 14. Im Hochglanz-Prospekt äußert sich der Experte:

Spielbahn 14. Sie öffnet sich mit einem Drive Richtung zum rechts liegenden Wald. Der 2. Schlag bringt die Einsicht, daß 7 Topfenbunker das Grün verteidigen Par 4 325/280m H3, E6 PW.

Glückliche und schöne Menschen verstehen das. Dein urspünglicher Plan, den Waldweg runter zum Loch 14 zu gehen, um dort ein bissel Welt zu schnuppern, der Faszination dieses Sports auf die Schliche zu kommen, verliert plötzlich an Reiz. Vielleicht liegt es am aufkommendem Nieselregen. Irgend etwas ist anders.

Als Kind besuchtest du in den Sommerferien regelmäßig eine Tante auf dem Lande. In ihrem großen, unkrautüberwucherten Obstgarten konntest du Stunden zubringen, Stunden seeliger Kinderträume, zeitlos, ein Spiel ohne Grenzen.

In einem Jahr vermietete die Tante französischen Gästen mit einem für die damalige Zeit geradezu sensationellen Wohnwagen einen Stellplatz im Garten. Die Gäste waren höflich und zurückhaltend, im dichten Gestrüpp kaum zu ahnen. Und trotzdem war für dich eine Welt zerbrochen. Deine Träume hatten dich verlassen. Immer wieder mußtest du durch die Zweige nach den Gästen spähen, versuchtest du exotische Sprachfetzen zu erhaschen. In dir war Leere und Trauer. Die Zusammenhänge konntest du dir nicht erklären.

Im nächsten jahr kamen die Franzosen wieder und danach viele Male. Ihr habt euch gut verstanden. Du hast mit den Kindern gespielt und deine ersten Französisch-Vokabeln gelernt.

Die Audienz

Es ist kurz nach der Wende. Mit Eifer versuchen wir die Mechanismen der Marktwirtschaft zu ergründen. Ich habe jetzt eine Agentin. Das war gar nicht so schwer. Die ehemalige Chefin des Besetzungsbüros des DDR-Fernsehens, wir konnten immer ganz gut miteinander, rief an und fragte, ob sie mich in ihre Agentur übernehmen könnte. Da ich nicht so recht wußte, wie man zu einem brauchbaren Agenten kommt, sagte ich: Einverstanden. So wurde ich Schauspieler einer Agentur. Die Einrichtung gefiel mir. Mußte sich doch fürderhin jemand anderer damit abquälen, gute Rollen zu ordern, Termine zu koordinieren, Versäumnisse auszubügeln. Honorare zu fordern …

Und tatsächlich flatterte schon bald ein verlockendes Angebot ins Haus. Ein König ließ bitten, was sage ich ein König, ein Kaiser. Kein Geringerer denn Sir A. B. zeigte Interesse. In der Filmbranche eine fixe Größe, war er mir, ehrlich gesagt, nur in Verbindung mit flachen Unterhaltungsfilmen meist älterer Bauart erinnerlich. In der Filmszene Berlin ist er der Boss. Meine frisch gekürte Agentin überzeugte mich, daß ich Kontakte knüpfen muß. Und sei es nur die Gunst eines kurzen Gesprächs. Widerwillig erklärte ich mich bereit.

Die Szenerie ist wie aus einem Film des Sir A. B.

Einstellung 1, Totale:

Eine ruhige Parkstraße im Grunewald. In großzügigen Abständen Nobelvillen. Hinter den in der Nachmittagssonne dahindösenden Gebäuden ist der Grunewaldsee zu ahnen. In der Ferne Hundegebell. Eine elegante Limousine schnurrt mit mäßiger Geschwindigkeit die Straße entlang. Verschwindet hinter den Ulmen. Spatzen tschilpen. Den Bürgersteig entlang kommt ein hagerer Mann mittleren Alters. Er läuft groß auf die Kamera zu. Er ist unauffällig gekleidet. Sein Gesichtsausdruck ist gespannt. Suchend geht sein Blick über die Schilder mit den Hausnummern … Endlich scheint er die gesuchte gefunden zu haben.

Einstellung 2 Halbnah:

Der Mann steht vor einem schmiedeeisernen Tor. Er drückt auf einen Klingelknopf aus Messing. Er wartet. Sein Blick fällt auf das schlicht gestaltete aber wertvolle Tor. Im Zentrum in etwa 30 cm hohen Lettern die Buchstaben A und B (passender wäre A und O). Unser Mann schreckt zusammen. Eine quakende Stimme aus der Sprechanlage: »Bitte kommen Sie rein.« Dem Mann scheint eine solche Anlage nicht bekannt zu sein. Übertrieben dicht hält er das Gesicht an die Schlitze und schreit: »Viiiielläään Dank!« Ein Summton ist zu hören. Der Mann öffnet vorsichtig die Tür. Als wäre sie aus Glas. Seinem Blick bietet sich ein gepflegter Rasen mit entsprechender Rabatte. Das Haus ist gediegen. Unser Mann geht eilig in Richtung Haustür. Dort steht der Hausherr. Mittelgroß, korpulent, mit Lippenbart und auffallend lebhaften Augen. »Bitte, treten Sie näher.« Er macht eine einladende Geste. Der Mann tritt sich übertrieben die Schuhe ab und schreitet ins Haus. Der Gastgeber folgt ihm. Die Haustür wird geschlossen. Die Kamera fährt groß auf den Löwenkopf aus Messing.

Ablende.

Die Fußbodenfliesen sind aus wertvollem Gestein. Vor mir eine Hundeplastik aus kostbarer Keramik. In Lebensgröße. Es riecht nach gebratenem Fisch. Die Hausfrau ruft etwas aus der geöffneten Küchentür, die sie danach schließt.

Wo befindet sich das pompöse Büro mit Ledersesseln und unzähligen Künstlerfotos?

»Bitte, hier herein.« Sir A. B. spricht mit schnarrendem R, Folge seiner abenteuerlichen Biographie. Wir betreten ein kleines Zimmer. Links am Fenster steht ein weißer Plastiktisch mit dazu passenden Stühlen Marke »Pluta«. Gera-

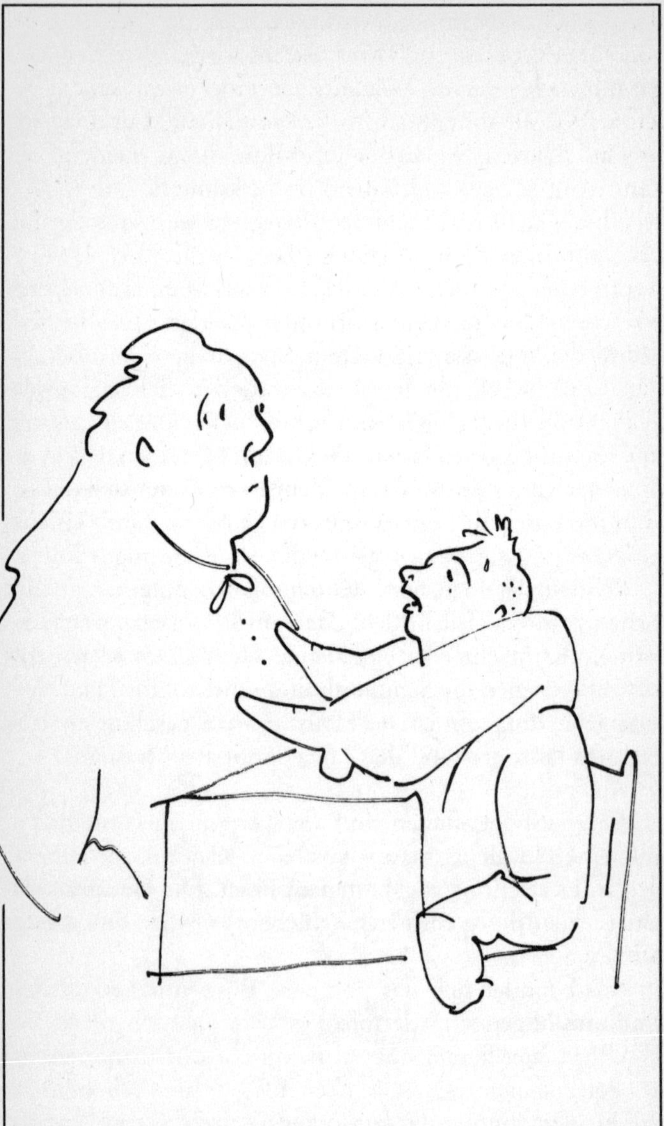

dezu eine Liege. Auf einer darübergebreiteten Decke Stapel von Manuskripten und Fotos. Rechts an der Wand ein Regal mit nichts darauf. Darunter ein Hocker mit einem Telefon. Wir klemmen uns in die Gartenstühle und starren uns an. Da ich Sir A. B.'s Eindrücke nicht wiedergeben kann (Gottseidank), schildere ich die meinen.

Ich blicke in eine Landschaft. Urgestein. Aber voller Leben. Die tiefdunklen Augen glühen wie Kohlen. Der genußfreudige Mund ist ständig in Bewegung. Aber irgendwie scheint ein Maskenbildner outriert zu haben. Natürlich müßte Sir A. B. einen Geheimagenten spielen. Aber bei seinem Anblick würde der Regisseur sofort brüllen: »Maskäää!« Das ist zuviel. Die Augenbrauen sind zu schwarz und der Bart wirkt angeklebt!« Und wenn Sir A. B. den ersten Satz spräche, würde der Regisseur höflich bemerken: »Liiiiieber, das mit dem Akzent haben Sie sich hübsch ausgedacht, ist aber zu dick. Lassen Sie das bitte weg.«

Wir sitzen immer noch auf dem Gartengestühl. Wie der Kommissar und sein Täter. Irgendwie scheinen auch die Gewichte entsprechend verteilt. Mich befällt Unruhe. Da schnarrt Sir A. B. los: »Erstaunlich, Sie sehen ja wirklich aus, wie auf dem Foto. Sind Sie sich bewußt, was für eine Aufgabe Sie erwartet?«

»Ich weiß gar nichts.«

»Was heißt Aufgabe, Verantwortung! Das ist eine Serie. Eine ausgezeichnete Serie. Auf einem ausgezeichneten Sendeplatz. Eine Riesenrolle mit ausgezeichneten Möglichkeiten!« Ich bin ratlos, soll ich nun um die Rolle bitten oder mich schon mal bedanken?

»Ich habe schon ...«

»Ihre Partnerin ist bereits besetzt. Ich weiß nicht, Sie wirken etwas schmal ...«

»Im Film komme ich ...«

»Sie können sogar nach Griechenland fahren, stellen Sie sich das vor und ganz ohne Bezahlung.« Ich möchte sagen, daß ich mich heute morgen ganz alleine angezogen habe. Lasse das. Statt dessen sage ich einen vorbereiteten Satz: »In welchem sozialen Umfeld spielt denn …«

»Entschuldigung.« Das Telefon hat geklingelt. »Aber! Ich umarme Dich Catrin!«

Sir A. B. hält die Hand über die Muschel und zischt mir zu: »Das ist Caterina Valente, sie hat Geburtstag.« Sein Blick ist fragend. Er zweifelt wohl, ob mir der Name etwas sagt. Dann geht das Palaver munter los. Sir A. B. schnarrt und orgelt »Ach weißt Du« und »Grüß sie von mir« und »ich muß mal wieder« und »Ach weißt Du, Arbeit, Arbeit, Arbeit« usw.

Ich lehne mich innerlich zurück. Ich sehe mir einen uralten UFA-Film an. Das Telefongespräch ist beendet. »Ciao Catrin.«

»Es handelt sich um ein Millionenobjekt, wobei ich Ihnen gleich sagen muß, daß Ihre Gage nicht üppig sein kann, weil: Ich habe kein Geld.«

»In welchem sozialen Umfeld spielt denn die Geschichte?«

»Wie bitte?«

»Ich meine …«

»Entschuldigen Sie mich …« Es hat wieder geklingelt. Diesmal an der Haustür. Sir A. B. wuselt hinaus. Es riecht wieder nach Bratfisch.

Auf dem Bett entdecke ich zwischen zahlreichen Hochglanz-Kunstwerken auch mein Foto. Klein, etwas gewölbt. Unser Theaterfotograf hatte sich Mühe gegeben. Mein Hintern schmerzt. Ich möchte nach Hause.

Die Tür fliegt auf. Sir A. B. strahlt. Meine Agentin ist eingetroffen. Er scheint in seinem Element. Damen sind wohl mehr seine Sache. »Gnädige Frau, wenn Sie bitte hier … wir können auch einen Kaffee … wir haben schon eifrig Nägel mit Köpfen gemacht … wollen Sie bitte Ihre elegante Jacke …« Meine Agentin hat sich die Nägel rot lackiert und riecht gut. Ich bin nicht wichtig. Meine Agentin hat eine Video-Kassette mitgebracht. Sir A. B. scheint sich nur widerwillig an den eigentlichen Anlaß zu erinnern. »Ausgezeichnet, dann werden wir uns das Werk gleich einmal anschauen.«

Gemeinsam begeben wir uns in den Salon. Und endlich die adäquate Dekoration. Die erwarteten Accessoires. Die sorgfälltig restaurierten Stilmöbel, die teuren Teppiche, die Originalgemälde, der Blick durch großzügige Fensterfronten auf den See … Alles etwas bunt, alles etwas zusammengewürfelt und außerordentlich ungemütlich. Ich bemühe mich erfolglos auf dem Louis dem Soundsovielten eine bequeme Sitzposition zu finden. Sir A. B. fummelt an der im Barockschrank integrierten Hi-Fi-Anlage. Er scheint damit seine Schwierigkeiten zu haben. Gereizt zischelt er vor sich hin: »Also jetzt habe ich den Recorder …, die Lampe brennt, ich drücke LAUF und … kein Bild. Was ist los? Einen Moment bitte, das haben wir gleich.«

Mich schaudert. Auf der Kassette spiele ich einen DDR-Bauarbeiter, der marode Häuser der Hauptstadt repariert und dabei »zwischenmenschliche Beziehungen« pflegt. Zur Zeit der Ausstrahlung war das ein wichtiges Thema und hat auch Aufmerksamkeit erregt. Aber ob es hier zwischen der antiquarischen Bibelsammlung und dem Glas aus Venedig eine Chance hat?

»Hurra! Wir haben es!« Sir A. B. lehnt sich genüßlich in sein Fauteuil zurück. Unheil, so nehme denn deinen Lauf. Ich blicke konzentriert auf meine Stiefelspitzen.

»Nanu?« Sir A. B. springt auf. Auf dem Bildschirm bauen Pygmäen eine Hängebrücke. Diese Szene stammt nicht aus unserem Bau-auf-Film. »Diese verfluchten Privaten!« Der mit Shakespeare-Pathos vorgetragene Fluch scheint tiefere Ursachen zu haben. Sir A.B.'s Hi-Fi-Abenteuer nimmt seinen Fortgang. Nach erneuter Schaltvariante beobachten wir diesmal wie Pygmäen einen Tierkadaver schleppen. Sir A. B. verliert die Lust. Wie ein beleidigtes

Kind sitzt er in der Sofaecke ... »Ich werde die Kassette meiner Assistentin geben, und wir werden sie im Studio anschauen.«

Wir wechseln wieder die Räumlichkeiten. Sir A. B. schleppt einen nachttischhohen Manuskriptstapel. »Sie können ja mal etwas lesen. Sie entschuldigen mich, ich habe eine Besprechung, es geht um Geld, viel Geld.« Weg ist er.

Ich blättere ratlos. Was hat das alles mit mir zu tun? Aus dem Nebenraum röhrt Sir A. B.: »Dafür gebe ich doch nicht eine halbe Million aus, Verehrter!« Ich möchte nach Hause. Vielleicht mit dem Hund in den Park gehen. Oder endlich den neuen Updike anfangen.

»Nun, wie finden Sie's? Ist doch ausgezeichnet geschrieben!«

»Möglich, aber in der Kürze der Zeit ...«

»Haben Sie irgendeine spezielle Begabung, eine sportliche Fähigkeit vielleicht, man könnte das noch ins Buch hineinschreiben, es sind ja noch Fassungen.«

Ich beherrsche einen Yoga-Trick. Im Sitzen werden die Beine über die Schultern in den Nacken gelegt, so daß sich die Füße am Hinterkopf kreuzen. Mit dieser Übung habe ich spektakuläre Triumphe gefeiert. Ohne Ankündigung, wohl um als ein origineller Kauz zu gelten, installiere ich meine Laokoon-Gruppe. Sir A. B. blickt mich ausdruckslos an. Verlegen klappe ich mein Fahrgestell wieder ein und hoffe auf eine kleine Anerkennung. Sir A. B. überlegt, dann hat er's.

»Ich würde gern diese Leibesübung von der Frau Kollegin sehen?« Zum ersten Mal an diesem Nachmittag lacht er herzlich und lange. Da seine Aufforderung nicht den nötigen Anklang findet, bricht er kurzerhand das Gespräch ab. »Meine Damen und Herren, wir werden die Angelegenheit besprechen, es gibt natürlich noch andere verantwortliche Leute, die zu entscheiden haben. Ich bedanke mich für Ihr

Kommen.« Die Verabschiedung an der Tür ist kurz und geschäftlich. Der Bratengeruch hat sich verflüchtigt. Nun riecht es nach Kaffee.

Zu einer Zusammenarbeit ist es nie gekommen.

Meine Kassette mit dem wunderbaren Bau-auf-Film habe ich nicht wiedergesehen.

Mit dem ND wär mir das nicht passiert

Das Schönste sind ihre Beine!

Lang, schlank und geradezu vollkommen proportioniert. Basis für die selbstbewußt einherschreitende Inkarnation des ewig Weiblichen.

Mitunter nicht ohne provozierende Arroganz.

Geringfügige Diät-Reserven im Bauchansatz verstärken mild-weibliche Ausstrahlung und in Abwandlung des, mich immer an einen Ratgebertip in der Apothekerzeitung erinnernden Lateinzitats, waltet in diesem schönen Körper ein schöner Geist. Nicht zu verwechseln mit einem Schöngeist. Weder spinnerte Traumtänzerin, noch blutleere Lautenspielerin, eher: Zupackend, mitunter rotbackig direkt und nicht selten geradezu lasziv aufmüpfig.

Und bitteschön, die Augen! Klar, tiefgründig, treu.

Ich liebe diesen Blick voll Demut. Wenn sie erschöpft zwischen meinen Beinen lagernd zu mir aufschaut: Was wünschst du Gebieter, ich folge.

Im Schreiben verharrend wird aufkommende Vermutung Erkenntnis: Ein jeglicher Versuch, dieses Wesen mit Worten zu beschreiben, muß scheitern.

Also starte ich den Versuch, Deine unverwechselbare Persönlichkeit über Dein Wirken, Deinen Platz in der Gesellschaft, Deine großen und kleinen Freuden, Deine Trauer erstehen zu lassen.

Signifikante Episoden aus dem Leben eines genetischen Glücksfalls.

Oder, Fanny, meine Deutsch-Drahthaarhündin.

Alles andere ist ein Hundeleben.

Geboren wirst Du im markischen Sandstrich. als Ziehkind eines Mannes, der seine Tage und Nächte in einem dialektischen Spannungsfeld verbringt. Tagsüber verhilft er wohlgestalteten Welpen zum Karrierestart, um des nachts im nachbarlichen Forst dem Has', dem Reh, dem Hirsch oder dem Schwein, dem wilden, den Garaus zu machen.

Garaus-Garein.

Wie das Leben so spielt.

Und eben dieser Geburts- und Sterbehelfer in Personalunion wird mit Kennerblick bei Deinem ersten Auftritt ausrufen: »Was für ein ausgeprägter Charakter! Etwas schwächlich in der Konstitution, aber bereits jetzt von starkem Ehrgeiz geprägt.« Von Deiner späteren Schönheit kann natürlich noch nicht die Rede sein. Wer weiß, alles hätte anders kommen können.

Heute, bei gelegentlichen Besuchen, schaut der Gottvater über Stirb und Werde verliebt auf Deine wohlgestalteten Proportionen. Wie der zu Hause etwas kurz gehaltene Familienvater in der Peep-Show. Und verirrt sich da nicht leise Wehmut in seine Gesichtszüge, kommen wir auf den Tag zu sprechen, da seine Entscheidung dich mir anzuvertrauen, zum Startschuß für unsere Partnerschaft geworden war?

Und ich frage Dich: Hat es das Schicksal unglücklich mit Dir gemeint, als es Dich, prädestiniert für Jagd, Wald und Flur mitten hinein ins urbane Umfeld einer hundeverrückten Stadtfamilie beorderte? Was Dich erwartete, waren rückhaltlose Liebe, Verständnis, Akzeptanz. Keine Hasenleichen, keine herbstkalten Ententeiche, kein Hecheln hinter Wildsauen.

War das so schlecht?

Und über Mangel an Abenteuern kannst Du Dich weiß Gott nicht beklagen. Gelingt es Dir doch bald mit unübersehbaren Beiträgen auf die brisante Straßenkampfszene im Prenzelberg, prägnant genannt Aktion Hundescheisse, nachhaltig Einfluß zu nehmen.

In die Annalen ist eine folgenreiche Form von Willenskundgebung Deinerseits eingegangen, erinnernd an den angeketteten Wallraff vorm griechischen Parlament oder Rust auf dem Roten Platz.

Dein Herrchen hat sich wie so oft ins nächtliche Fernsehprogramm festgesaugt. Obwohl die Nacht erste Vorbereitungen für die ordnungsgemäßte Übergabe an den Morgen zu treffen begonnen hatte, wurden keine Anstalten getroffen, anstelle des Fernsehers den längst überfälligen Gassigang ins Auge zu fassen. In deiner unaufdringlich-behutsamen Art begannst Du, durch wiederholtes Kreuzen der optischen Verbindungslinie zwischen Sessel und Fernsehgerät, auf Dein Dir zustehendes Recht aufmerksam zu machen. Da Deine Demo jedoch wirkungslos blieb, wechseltest Du die Taktik. Du besetztest den Teppich vor dem Fernseher (Wallraff). Du setztest Dich im wahrsten Sinne des Wortes ins Bild. Unmutsäußerungen aus dem Sessel. Steigerung bis zum harrschen Ausbruch: »Hau ab!«

Gräßlich unsensibel.

Driftet die Tonart in diese Bereiche, heißt es gehorchen. Im eigenen Interesse.
Dein Abgang – einfach großartig.
Wie Herr Jelzin nach der Dumarede.

Beifall.

Normalerweise bezeichnet man es als noble Geste, wenn jemand, nachdem er gegangen ist, denen, die zurückbleiben, etwas hinterläßt.

In Deinem Fall nur blankes Entsetzen.

Drei Ringe und ein Spitz.

Plus Ozonkiller in der ganzen Wohnung.

Seit diesem nächtlichen Zwischenfall achtet Dein Herrchen genau auf die Pünktlichkeit Deiner Gassigänge.

Es folgen zwei Beispiele, die beweisen, daß Lebewesen, ursprünglich gedacht als Transporteure von Hasen- Entenleichen, durchaus Fähigkeiten in sich tragen, die sie auch im häuslich-zivilen Bereich zu unschätzbaren Partnern werden lassen.

Sonntagmorgen. Die ewige Ungewißheit. Hat das Frühstücksei die gewünschte Konsistenz oder schlimmer, hat es sie nicht?

Ehekrisen, politische Fehlentscheidungen, Sturzgeburten, Pickelbefall... Folge rasch gekochter Frühstückseier.

Ganz zweifellos.

Kein Kaninchenblick auf Uhrzeiger, kein Küchenwecker, kein lautes Mitzählen. Auch Eier haben ihre fragile Persönlichkeit.

Ei ist nicht gleich Ei.

Seit Du die Bühne betreten hast, gehört bei uns der Sonntagmorgen-Horrortrip der Vergangenheit an. Einzige Änderung, es wird ein Ei mehr gekocht. Ist in etwa die Kochzeit erreicht, wird Dir ein Kontrollei vorgelegt. Mit Deinem Eierpieker, dem linken oberen Eckzahn, wird die Schale vorm Verzehr zertrümmert. Und so Einblick auf das heikle Eigelb gewährt. Man kann entscheiden, Kochzeit verlängern oder beenden.

Beispiel Nr. Zwei: Welcher Autofahrer kennt es nicht, das Problem der Bremslichtkontrolle?

Nach wiederholten Hin- und Verweisen ist eine Reparatur an unserem Auto unumgänglich.

Ich wechsele die Glühbirne aus.

Ist meine Arbeit damit beendet?

Mitnichten.

Eine Funktionskontrolle muß vorgenomen werden.

Ich bin allein.

Das Stopplicht brennt nur nach Betätigung des Bremspedals.

Nachschauen, ob die Birne brennt, kann ich nur, wenn ich das Pedal loslasse. Es geht nur eins, bremsen oder schauen.

Der Versuch, das Pedal mittels Ziegelstein zu überlisten, fruchtet nicht. Die Idee, von zu Hause den Garderobenspiegel zu holen, wird, angesichts des unverhältnismäßigen Aufwands, verworfen.

Kein Mensch, der helfen könnte, in Sicht.

Nur Du, freundlich wedelnd auf dem Boden liegend.

Was heißt nur?

Du befindest dich, nach dem Kommando Sitz, akkurat in Augenhöhe mit dem Stopplicht. Vom Fahrersitz aus genügt ein tiefer Blick ins treue Hundeauge, um am sanften Aufglühen der Pupille festzustellen, ob die Reparatur erfolgreich war oder nicht.

Es glimmt.

Danke Fanny.

Nichts ist unmöööööglich.

Und nun etwas zum Thema: »Das Haustier und der Umgang mit den Medien«.

Herrchen befindet sich im Zeitungsladen von Herrn Tierwolf.

Um eine Zeitschrift zu kaufen, deren Name aus Gründen der Schleichwerbung nicht genannt werden darf: Wenn man reinschaut, liest man alles verkehrt.

Du lagerst vor der Ladentür in ordnungsgemäßer Down-Position.

Als kritisch geschulter Kenner der Print-Landschaft kann ich es einmal mehr nicht lassen, die zwei Zeitschriften mit dem Namen aus der Optik-Branche einem Vergleich zu unterziehen. Rechts den Markstein, links den Augworth. Oder umgekehrt.

Wie Justitia mit dem verrutschten Jogging-Schweißband. Als könne man Qualität nach dem Gewicht beurteilen. Der Hamburger zieht etwas stärker nach unten. Ist da schon der Verriß vom reichen polnischen Marcel drin?

Zum Thema: Just in diesem Augenblick fliegt die Ladentür auf und ein lila-grünes Haarbüschel, einen wohl weiblichen Körper krönend, brüllt wütend: »Wem jehört'n der Hund draußen?«

In der nun hundeverrückten eigenen Abgehobenheit, mit der profanen Formulierung könne unmöglich das »höhere Wesen, das wir verehren«, gemeint sein, reagiere ich nicht. Erst als die Frage nachdrücklich wiederholt wird und Anzeichen aufkommenden Unheils den Raum einzunebeln beginnen, werde ich aufmerksam.

»Ja bitte? Das könnte meiner sein. Warum fragen Sie?«

»Der Charly fickt die schon die ganze Zeit!«

Als wären von der linken Seite die »Molly-Sisters« und von der rechten Seite Innenminister Kanther aufgetreten, hechte ich aus dem Laden. Inmitten eines interessierten Zuschauerkreises bietet sich mir ein zielstrebig arbeitender schmutzig-struppiger Hunderücken, vor dem ich irgendwo meine deflorierte Drahthaarhundin Fanny vom Friedrichshain vermuten muß. Allein die Vorstellung macht mich rasend. Wie weiland Berti Vogts entscheide ich mich für das schiedsrichtermäßig umstrittene »sliding tackling«.

Mit der Schuhspitze erwische ich den unverändert emsig penetrierenden Charly im Kreuz. Das bringt mir eine Schimpfkanonade der schräg gefärbten Halterin ein. Außerdem höhnisches Gelächter der Porno-Freiluftgemeinde und ein tröstendes Raunen des Nebenmannes: »Mensch, ist doch nicht deine Tochter.«

Der Heimweg ist überschattet.

Verstohlen versuche ich an dir Veränderungen wahrzunehmen. Etwa Zeichen von Lasterhaftigkeit, von Verkommenheit, Nuttigem...

Nichts dergleichen.

Bernsteinklarer Frollein-Blick.

Vielleicht hat meine Schuhspitze Charly noch in der Aufwärmphase erwischt? Oder war Charlys Entree in unseren Familienverband irreversibel?

Es beginnt eine Zeit angstvoller spannung.

Der Familie habe ich nichts erzählt. Um voreilige Nervenzusammenbrüche zu vermeiden.

Erst ein beiläufig hingeworfener Satz bringt die Lawine ins Rollen: »Fanny wird fett.«

Damit war die Beichte unumgänglich.

Nach lähmendem Schweigen eine Kaskade von Überlegungen. Jeder hat eine Idee. Die kommunikative Bandbreite erstreckt sich von »Was kostet eigentlich jetzt eine Abtreibung?« bis »aus psychologisch-physiologischen Gründen kann eine vollendete Schwangerschaft für das Tier positive Folgen haben«.

Du verbringst Deine Tage, von derlei Panikmache unberührt, mit der Installierung von Welpennestern und der Produktion von Babymilch. Hast schließlich Verantwortung.

Eine vorbildliche Mutter!

Der Charité-Professor nach eingehender Begutachtung des Computerbildes: »Nichts, aber auch gar nichts. Alles Einbildung!«

Deine Welpenbemühungen haben mich an eine Beobachtung vor meinem Atelierfenster erinnert. Am Metallpfahl einer Straßenlaterne hämmerte ein Sprecht. Den ganzen Tag lang. Das Ping, Ping, Ping verfolgte mich bis in meine Träume.

»Nichts. Aber auch gar nichts. Alles Einbildung.«

Autoritätsmäßig orientiert, brichst Du nach dem vernichtenden Professorenurteil Deine Schwangerschaft kurzerhand ab. Dein Bauch findet zu seiner ursprünglichen Form zurück, die Milchproduktion läßt nach, Du bist wieder ausschließlich Hund der Familie.

Nur am Zeitungsladen bestehst Du auf deinem Down. Da führt kein Weg dran vorbei. Ist da ein weher Glanz in Deinen Augen?

Solange es dabei bleibt, mach ich die Charly-Gedenkminute eben mit. Wie EpunktHpunkt am Treptower Ehrenmal.

Nur..., obwohl ich fest entschlossen war, die oben erwähnte Optikerzeitung wegen eklatanter Qualitätsmängel nicht mehr zu kaufen, bin ich am letzten Wochenende rückfällig geworden.

Durch Dich bin ich auf den Hund gekommen.

Endlich Island

»Mein Herr hat in berühmten Büchern gelesen; primo, daß es auf Island mehr Gespenster, Ungeheuer und Teufel gibt denn Menschen; secundo, daß die Isländer Haifische in Misthaufen eingraben und sie später fressen wie Pfannkuchen; quarto, daß die Isländer in Erdhöhlen leben; quinto, daß die die Isländer sich auf keine Arbeit verstehen; sexto, daß die Isländer ihre Töchter an ausländische Männer verleihen, damit sie mit ihnen schlafen sollen; septimo, daß ein isländisches Mädchen für eine unberührte Jungfrau angesehen wird bis sie ihr siebtes uneheliches Kind bekommen hat. Ist das richtig?«

Zugegeben, all die so brachial vorgetragenen Eigenschaften der Isländer in Haldor Laxness' Roman »Islandglocke« hast Du bei Deinem zehntägigen Aufenthalt auf der Insel nicht überprüfen können. Weil es so viel zu sehen gab. Jedes Abschweifen kam einem Sündenfall gleich. Island beschreiben fällt schwer. Wie etwa die Musik des Miles Davis. Die Bilder des Edward Hopper. Die Gesichter des Woody Allen. Schwärmerisches Vokabular wirkt leicht töricht, Pathos lächerlich. Vielleicht sollte man einfach schweigen. Im Angesicht der Natur. Natur in ihrem Urzustand. Schöpfung, die noch im Gange ist. Ewiges Gebären und Sterben. Stille. Ungestört. Eben natürlich. Du erlebst die Gnade, daran teilhaben zu dürfen. Und halt Dich zurück. Staune. Und verschwinde.

Als vom Stubenarrest und Knastblässe Gezeichneter zeigst Du Starrsinn. Du verschwindest nicht. Wie der zählebige Schnorrer. Auch genannt: Pechhose. Malträtierst weiter die Insel mit Deinen Euphorieausbrüchen, Deinem konvulsivischen O-Mensch-Gestöhne.

Auf diese Weise machst Du die Bekanntschaft mit Lundi, dem Fast-Wappenvogel der Isländer, Papagei und Komiker par excellence, der Schöpfung kräftiger Griff in die Klamottenkiste. Erlebst den geballten Einsatz der Stadtpolizei von Reykjavik zur Rettung eines hinter ein Abflußgitter geratenen Entenkindes. Und singst mit Deinem Freund Thor Ragvaldson ein altes Reiterlied, um die bösen Geister in der Wüste Darnarbaeli zu vertreiben.

Ridum, ridum rekum yfir sandinn
rennum solabek via urna rell
her reiki er margur ohreinn
endinn ur pui fer eo eskyggia bökkulsnell
drottin leidi drösulinn minn
drsugur verdor sidasti efanginn.

Neben schnell vergessenen bio-, geo- und meteorologischen Sensationen wird sich Dir einprägen, daß in Island fünfmal der stärkste Mann der Welt ermittelt wurde, Island 1991 Bridge-Weltmeister wurde, Islands wohlhabendste Katze in Bogafördur lebte, Island den Weltrekord im Kaffeetrinken hält und Linda Pettursdottir 1988 zur Miß World gekürt wurde.

Bis zum zehnten Jahrhundert gab es riesige Wälder auf Island. Wüster Brennholzeinschlag und der Weidegang der Schafe ließen die Bäume verschwinden. Gelegenheit für Dich, auch einmal Entwicklungshilfe leisten zu dürfen. Gastgeschenk für Hisland-Terra. Ein repräsentatives Gastgeschenk. Repräsentativ für das Geberland. Das Ahornbäumchen ist Deiner Republik perdu nicht unähnlich: sehr klein und mickrig, in nasse Lappen gewickelt aber mit vor Ehrgeiz zitternden Blattspitzen. Ahorn aus Berlin. Gewissermaßen eine Straßengöhre des Acer platanoides. Vom Hinterhof der Geschwister-Scholl-Straße. Wachse und gedeihe. Zwischen Krüppelkiefer und Birkenstamm. An der Fernstraße Nr. 1, am Hang hinter der Siedlung Laugar. (Thor wird ihn Petersberg nennen und ab und an nach dem Rechten sehen.) Erster Ahorn auf Island. Möge es dir besser ergehen als Deinem Heimatland.

Hoch oben, in der Nähe von Siglufiördur sitzt Bardur in seinem von Alter und Qualm gegerbten mannshohen Bau. Robinson Crusoe kann nicht einsamer gehaust haben. Die nächste Siedlung ist meilenweit entfernt. Bardur ist nicht verbittert, Bardur ist Philosoph. Philosophen sind mit sich beschäftigt, sie haben keine Zeit für Gefühle.

Du hast Glück. Für Dich hat Bardur Zeit. Der Grund ist Dein abgewetztes Bändchen »Islandglocke«, gewissermaßen Diplomatenpaß auf Island. Emphatisch ergreift Bardur deine Hand und prompt darauf die Flasche Brennivin. Auch genannt der Schwarze Tod. 150prozentiger Kartoffelschnaps.

Anlaß dafür, daß du haarscharf am Schwarzen Tod vorbeischrammst, ist ein Zeitungsblatt: Morgunbladid. Schlagzeile und Farbfoto lassen dir trotz Schwarzem Tod und Kaminfeuer das Blut zu Eis erstarren: *Honecker fölur og fär vid Kommuna til Berlinar.*

Auf dem Foto reckt Epunkt Hpunkt das Rot-Front-Fäustchen siegessicher vor der chilenischen Botschaft in Moskau.

Geht jetzt wieder alles von vorne los? Hast Du bei Deinem Ausflug zu den Wurzeln des Planeten die Katastrophe in der Heimat verpaßt? Erscheint es nicht ratsam, den Rest des Erdenlebens an Bardurs Seite zu verbringen?

»Bardur, was bedeuten diese Worte?« Bardurs Sprachkenntnisse plus Brennivin machen eine Aufklärung unmöglich.

Exil oder Heimkehr?

Der Philosoph hält sich zwei Finger unter die Nase, schreit wie Hitler und macht alberne Bocksprünge in seiner Kemenate. Erst Thor im abendlichen Hotel erlöst Dich nach gehöriger Ausnüchterung von Deinem Alptraum.

Die Übersetzung der Überschrift im »Morgunbladid« lautet: *Honecker bleich und schweigsam bei seiner Ankunft in Berlin.* Und weiter: *Erich Honecker, ehemaliger Regierungs-*

chef Ostdeutschlands, betrat unter Polizeischutz deutschen Boden, nachdem er von Russland ausgeliefert worden war. Leiser Friede zieht in dein Gemüt.

Versöhnlicher Brückenschlag zur schwer gebeutelten, heimatlichen Scholle.

Als Du ihn entdeckst.

Gleich neben Islands weltbekannten Wahrzeichen, dem Stori Geysir. Den mausgrauen Trabant. Selbst dem hartgesottenen Geysir verschlägt es die Fontäne.

Jemand hat mit hastiger Ölfarbe auf die Motorhaube gepinselt: Takmarkalaus.

Das heißt: Grenzenlos.